Loverboys 169

DER HEMMUNGSLOSE HOTELBOY

MAX WILDRATH

BrunoBooks

Die in diesem Buch geschilderten Handlungen sind fiktiv.

Im verantwortungsbewussten sexuellen Umgang miteinander gelten nach wie vor die Safer-Sex-Regeln.

Loverboys 169

Salzgeber Buchverlage GmbH
Prinzessinnenstraße 29, 10969 Berlin
buch@salzgeber.de

Umschlagabbildung: © George Duroy, USA
www.belamionline.com (Model: Alan Cartier)
Printed in Germany

ISBN 978-3-95985-434-4

Inhalt

1. Vorspiel

»Felix, ich versteh wirklich nicht, wieso du diese Ausbildung nicht hier in eurem eigenen Hotel machst. Wenn du schon nicht studieren willst.«

Mit meinem Kumpel Nico sitze ich am frühen Nachmittag in unserer fast leeren Stammkneipe, wir genehmigen uns ein, zwei, mehrere Abschiedsbiere.

«Ach, weißt du, meine Eltern meinen das auch. Ich hab ja schon oft bei uns gejobbt. Aber hier bin ich für alle immer nur der Sohn vom Chef. Und ich will wissen, wie es in einem richtigen Hotel läuft, nicht in so einer besseren Gastwirtschaft mit einem Dutzend Zimmern. Hotelmanagement oder irgend so was kann ich danach immer noch studieren. Außerdem will ich raus aus diesem Nest hier. Du bist ja auch bald weg und an der Uni in Berlin. Soll ich dann hier versauern?«

»Weiß schon. Die Männer-Auswahl ist hier nicht so groß.«

»Nicht so groß ist gut. Kennst du noch einen?«

»Was man so hört, der Friseur …«

»Das meinst du jetzt aber nicht ernst!«

»Nein … Denkst du, deine Eltern wissen, dass wir beide …?«

»Weiß nicht. Sie haben nie was gesagt.«

»Prost!« Er grinst mich an. »Was für ein Glück, dass damals *ich* in deinem Zimmer die Wichsvorlagen gefunden habe! Knallrot bist du geworden! Dabei war das doch ganz harmlos. Irgendwelche Typen in Badehosen oder so.«

»Na ja, damals fand ich das ziemlich aufregend! Ich hatte da noch ein Handy mit allen möglichen Kindersicherungen.«

»Tja, und ich habe gewusst, wie man so was deaktiviert.«

Nico hat damals überhaupt schon mehr gewusst als ich. Woher, hat er nie gesagt, aber ich war sicher nicht der Erste, mit dem er rumgefummelt hat. Er war zu der Zeit auch ein gutes Stück größer als ich und körperlich einfach schon weiter, ein Jahr älter eben. Ich habe erst später aufgeholt und ihn größenmäßig inzwischen sogar überholt.

Als er meine Männerbildchen, meist Zeitungsausschnitte von Sportberichten oder Unterhosenmodels aus Werbeprospekten von Aldi oder Lidl, gefunden hatte, hat er gleich gecheckt, was Sache ist: »Wenn du mir deinen zeigst, zeig ich dir meinen!«

Ich habe mich geziert, aber er hat nicht locker gelassen. »Ich hab da unten schon Haare. Willst du sehen? Wird deiner überhaupt schon hart?«

»Klar, und wie! Und Haare hab ich auch!«

»Glaub ich nicht!«

»Doch!«

»Will ich sehen!«

Er hat mich rumgekriegt, bald standen wir uns nur noch in Unterhosen gegenüber, und auf »Eins … zwei … drei!« haben wir sie uns gleichzeitig runtergezogen und standen dann beide mit einem Steifen da. Nico stolz auf sein Geschlecht, ich eher verlegen und peinlich berührt.

»Willst du mal anfassen? Fühl mal, wie groß der ist!«

Sein Schwanz war in der Tat größer als meiner, aber auch in der Beziehung habe ich ihn inzwischen überholt.

Ich hatte mir damals schon öfter mal selbst einen abgerubbelt, aber natürlich außer meinem eigenen noch keinen anderen erregten Pimmel gesehen, geschweige denn angefasst. So kam, was kommen musste: Kaum hatte ich meine Finger vorsichtig um Nicos zitternde Palme gelegt, da kam es mir. Nicht viel, zwei, drei kleine Spritzerchen nur sind auf Nicos Oberschenkeln gelandet. Er hat später gesagt, da sei ich noch röter geworden, obwohl das kaum mehr möglich schien.

Er hat sich dann selbst einen runtergeholt, sich in die Hand gespritzt, mir triumphierend gezeigt, wie viel Sahne seine Eier produziert hatten. »Alles seit heute früh, da hab ich zuletzt! Und gestern dreimal!«

So oft habe ich es damals noch nicht gemacht, das kam später, inzwischen ist dreimal fast das Mindestmaß jeden Tag. Leider meist allein, denn außer Nico kenne ich niemand …

Nach und nach hat er mir viel mehr gezeigt. So zwei,

drei Jahre lang war er mir körperlich noch etwas voraus, aber wahnsinnig neugierig waren wir beide. Er hat oft sein Tablet mitgebracht, sich ins WLAN unseres Hotels eingeloggt, und dann haben wir Pornos geguckt, immer mit Klopapier oder Tempos zur Hand. Gerade am Anfang brauchte es nicht viel, bis es mir kam, und die Typen da auf dem Bildschirm machten Sachen, die ich mir im Traum nicht hatte vorstellen können.

Ich war noch nicht so weit, dass ich das alles nachmachen wollte. Die erste Zeit beließen wir es meist dabei, mit heruntergelassenen Hosen und Hand am eigenen Riemen nebeneinander hockend auf das Tablet zu starren.

Irgendwann hat dann jeder seine eigene Soße geschlürft. Wir haben uns gegenseitig gewichst. Ich bin sofort gekommen, als das erste Mal eine fremde Hand mein Rohr umfasste. Dann wollte Nico, dass ich seinen Schwanz lutsche. Erst habe ich mich geweigert, und als er mich überredet hatte, habe ich es nur unter der Bedingung gemacht, dass er auf keinen Fall in meinem Mund abspritzt. Ein paar Mal hat er sich daran gehalten, dann hat er sich doch mal in meinen Rachen ergossen, ich bin nicht sicher, ob das Absicht war oder wirklich ungewollt. Jedenfalls habe ich das Zeug sofort wieder ausgespuckt und darauf bestanden, dass er auch bei mir lutscht, wenn ich seinen Harten jemals wieder in den Mund nehmen soll.

Nach einigen Wochen, vielleicht auch Monaten, haben wir uns gegenseitig geblasen, so klassisch 69er, und ich war drauf gekommen, dass man auch fremdes Sperma schlucken kann.

Natürlich stand auch das Thema Ficken immer im Raum. Wenn in einem Porno mal ein Typ mit einem besonders fetten Prügel wild ein Arschloch durchpflügte, haben wir das schon kommentiert, so nach dem Motto: »Würdest du das auch gern machen?«, aber so richtig vorstellen konnten wir es uns zunächst nicht. Es dauerte noch eine ganze Weile, bis wir es das erste Mal probierten. Nico hat mal gesagt, das war auch für ihn das erste Mal, und entsprechend unbeholfen stellten wir uns an. Mehrmals kam es einem von uns, ehe er überhaupt richtig im anderen drin war.

Irgendwann hatten wir den Dreh raus und dann hatten wir richtig heiße Nummern zusammen. Zu der Zeit waren wir schon beide dauergeil und meist haben wir uns an einem Nachmittag gegenseitig gefickt, erst er mich, später ich ihn. Oft haben wir nachgemacht, was wir in einem Porno gesehen haben, wobei keiner von uns beiden, wenn er erstmal in der Arschgrotte des anderen steckte, so lange durchhielt wie die Typen in den Filmen.

»Hallo! Bist du noch da?« Nicos Hand wedelt vor meinem Gesicht herum.

»Entschuldige. Mir sind gerade 'n paar Sachen durch den Kopf gegangen, die wir damals so gemacht haben …«

»Mir auch. Meinst du nicht, wir sollten noch mal? Wer weiß, wann wir uns wieder sehen, wenn du morgen abdüst!«

»Hast du schon gepackt?«, will er auf dem Heimweg wissen.

»Das Meiste. Ich brauche ja nicht so viel. Die haben da kleine möblierte Appartements für das Personal, davon kriege ich eines. Ich fahre extra schon zwei Tage, bevor ich am Ersten anfangen muss, damit ich mich da einrichten kann und schauen, was ich vielleicht noch brauche. Komm rein!« Wir sind bei unserem Haus angekommen, und wie zu erwarten sind meine Eltern um diese Tageszeit nebenan im Hotel.

Sicherheitshalber sperre ich mein Zimmer ab, obwohl wir vermutlich noch einige Stunden allein hier sein werden, aber man weiß ja nie.

»Erst ich dich, dann du mich?«, schlägt Nico vor, dabei hat er die Hände schon auf meinem Hintern und seiner Beule.

»Klar, machen wir! Zieh dich aus!« Ich reiße mir die Klamotten runter und schmeiße mich aufs Bett. Mein Rohr steht wie eine Eins, Nico legt sich dazu, bläst meinen Steifen, und ich sauge an seinem. Ich finde ihn wirklich geil, seinen Schwanz, aber schließlich ist es auch der einzige, den ich bisher persönlich kenne.

»Hör auf!«, unterbricht er plötzlich, »sonst kommt's mir gleich!«

Zitternd rückt er von mir ab, wartet, bis seine Erregung etwas abgeklungen ist. »Geht wieder. Leg dich hin!«

Er hat es am liebsten, wenn ich auf dem Bauch liege und er auf mir drauf. Nicht schlecht, nur muss ich in dieser Stellung aufpassen, dass es mir nicht ungewollt kommt und ich das Betttuch versaue.

Ich spreize die Beine, Spucke tropft in meine Ritze, mit

einem Finger verreibt er sie und erkundet vorsichtig meine Grotte. Arschlecken wäre sicher geil, aber das haben wir nie gemacht, irgendwie war das immer ein Tabu.

Nico hat den Finger durch seine Latte ersetzt, stützt sich mit den Händen auf meinen Schultern ab und vögelt meinen Arsch. Ich kann nichts tun außer passiv hinhalten, ich lasse mich besteigen, ihn rackern, stöhne in mein Kissen.

Er wird schneller, fester und stößt härter zu. »Komm! Komm!«, feuere ich ihn an, doch das ist nicht mehr nötig. Sein Schwanz pumpt bereits, lädt seinen Geilsaft in meinem Loch ab.

Fix drehe ich uns zur Seite, ein paar Wichszüge nur, dann spritze ich selbst in das bereitgehaltene Tempo.

Mein Zimmer hat ein eigenes Bad, »En Suite«, sehr praktisch, darin verschwindet Nico, um sich zu waschen. Danach quatschen wir, bis wir beide so erregt sind, dass es weitergehen kann. Wir haben nie geknutscht oder gekuschelt, uns nie geküsst, es war immer nur Sex. Am Anfang hätte ich Küssen sowieso nur albern und blöd gefunden. Wichsen war nicht blöd, das war geradezu lebensnotwendig. Inzwischen könnte ich mir schon vorstellen, einen Mann zu küssen – aber nicht Nico. Dafür ist er nicht der Richtige.

Für Sex schon. Ich will, dass er sich hinkniet, möchte sehen, wie mein Steifer in seinem Loch verschwindet. So wie er vorhin spucke ich in seine Kimme, spiele mit seiner Rosette, er biegt das Kreuz durch, reckt den Hintern raus, auch ihm gefallen grundsätzlich beide Rollen. Mehr Spucke auf meinen harten Dödel, noch mal in seine Ritze, dann setzte ich an und bohre ihn auf. Langsam stoße ich vor, bis sich meine Lenden an seinen Hintern pressen und es nicht mehr tiefer rein geht. Ich genieße die Wärme um meinen Speer, geradezu heiß kommt es mir in dieser Arschgrotte vor. Ich halte mich an Nicos Hüften fest und beginne zu bumsen. Ganz langsam, ich will es auskosten. Immer wieder rein mit meinem Lustkolben und raus, das Loch geht mit, macht schön auf, schluckt meine Rute.

Obwohl es höchstens eine halbe Stunde her ist, seit er mich gebumst hat, kann ich schon nicht mehr. Ich knalle ihn hart, hart, noch härter, er beißt sich selbst in die Hand, ich mir auf die Zunge, und dann lasse ich es raus, befülle seinen Arschkanal, falle auf ihn, wir kippen um und Nico bringt sich selbst zum Abspritzen.

Er ist dann bald gegangen. Wir werden sicher in Kontakt bleiben, aber wann wir uns mal wieder sehen und was dann passieren wird … keine Ahnung. Wir wissen beide, dass nun etwas Neues beginnen wird – für ihn an der Uni, für mich in einem anderen Hotel. Uns ist auch beiden klar, dass es dort andere Männer geben wird. Für ihn und für mich. Ich bin gespannt.

2. Männer-WG

Der Abschied von der Familie war ziemlich emotionslos, ich hatte auch nichts anderes erwartet. Es ist ja nicht so, dass ich gänzlich aus der Welt wäre und ich bin nicht das erste Mal länger von zu Hause weg. Meine Eltern sind da ganz pragmatisch. Wenn ich mir diese Ausbildung woanders einbilde, solle ich es machen. Ich müsse aber selbst sehen, wie ich zurechtkomme, auch finanziell.

Den Führerschein haben sie mir gesponsert, meinen kleinen blauen Twingo musste ich mir selbst erarbeiten. Das war bei uns immer so: Meine Geschwister und ich haben natürlich Taschengeld bekommen, aber Geld für irgendwelche Sonderwünsche mussten wir uns erarbeiten. Das ging los mit Spülen und Putzen in der Küche, Kartoffel- oder Spargelschälen, später Tische eindecken und aushelfen in der Gaststube.

Auf dem Gästeparkplatz vor meiner neuen Arbeitsstelle ist es jetzt tagsüber relativ leer, da stelle ich mich also hin, gehe zur Rezeption. Das Empfangspersonal trägt hier einheitliche Sakkos, ein junger Mann Krawatte, eine ältere

Dame ein Halstuch, alles in einer Farbe, es ist schon eine Nummer edler als unser eigenes Haus.

Der Mann am Tresen grüßt mich, ehe ich mich vorgestellt habe, gleich mit Namen. Dass ich heute schon komme ist natürlich abgesprochen, trotzdem bin ich verblüfft. »Ich gebe dem Chef Bescheid«, sagt er, und, nach einem kurzen Telefonat, »Herr Träger kommt gleich.«

Nach einigen Minuten taucht mein künftiger Chef auf. Er war auch bei meinem Vorstellungsgespräch dabei, nach ein wenig freundlichem Smalltalk stellt er mich den Rezeptionisten vor, und wir begrüßen uns noch mal.

»Übermorgen gibt es eine Einführungsveranstaltung für alle neuen Auszubildenden, da werden Sie erfahren, was Sie wissen müssen. Jetzt muss ich Sie allein lassen, ein Termin. Aber wir haben schon eine Codekarte für Sie machen lassen, damit Sie hereinkommen. Verlust bitte sofort melden, damit sie gesperrt werden kann. Patrick, zeigst du dem neuen Kollegen bitte sein Zimmer und das Wichtigste?«

Herr Träger ist verschwunden, und der Mann von der Rezeption meint, auf dem Gästeparkplatz könne ich natürlich nicht bleiben. Er lotst mich zu anderen Stellplätzen, zeigt mir die Personaleingänge, den Pausenraum, und stellt mich allen vor, die uns über den Weg laufen – gut, dass hier jeder ein Namensschild trägt. »Ich bin Patrick. Die meisten, aber nicht alle, duzen sich hier. Du musst sehen, wie du angeredet wirst.«

Zum Schluss schleppen wir mein Gepäck zu dem Flügel

mit den Personalwohnungen. »Ihr habt hier eine eigene Hausnummer mit einem Briefkasten für jedes Stockwerk. Ich hab deinen Namen schon anbringen lassen.«

»Ah, gut, danke. Wohnst du auch hier?«

»Nicht mehr, ich hab was nicht weit weg. Ich hab dir ein Zimmer ganz oben gegeben, da war ich auch, und wenn ich mich nicht sehr täusche, passt du zu den anderen da.«

»Inwiefern? Und woher kanntest du vorhin schon meinen Namen?«

»Du erinnerst dich nicht? Ich habe am Bewerbertag die Verpflegung gemacht und euch in den Pausen beobachtet.«

»Oh – sorry, ich ...«

Er winkt ab, und beim Hochschleppen meines Zeugs schnaubt er: »Es gibt hier keinen Aufzug, weil dieser Flügel mal mit dem Haupthaus verbunden war, wo natürlich einer ist. Die Durchgänge wurden zugemauert und verkleidet, als man das Personal hier einquartiert hat.«

»Diese Tür musst du mit deiner Karte öffnen, meine geht hier nicht«, erklärt Patrick ganz oben, wo vom Treppenhaus eine massive Feuerschutztür in einen Flur führt, und dort dirigiert er mich zu Zimmer 304. Meine neue Bleibe. »Komm zur Rezeption, wenn was ist. Im Pausenraum ist meist jemand, und vermutlich wird auch hier bald einer aufkreuzen. Ich muss jetzt zurück. Man sieht sich!«

Man sieht dem Raum an, dass er mal ein Hotelzimmer war: Garderobe, Kofferablage, Einbauschrank, Schreibtisch, eine kleine Sitzgruppe mit zwei Stühlen. Auf dem Bett liegen Handtücher und Bettwäsche, und das war's. Kein eigenes Bad mehr.

Das finde ich auf dem Flur. Eine separate Toilette, dazu ein Bad mit Klo, Waschbecken, Dusche, darin einiges an Handtüchern, Shampoos, Kulturzeugs. Dazu noch vier weitere Zimmer und eine blitzblank aufgeräumte kleine Küche.

Ich verräume meine Klamotten, beziehe das Bett, haue mich hin. Ich bin heute um fünf aufgestanden.

Von Stimmen im Nebenzimmer werde ich wach, da ist jetzt jemand. Ich verstehe nicht, was geredet wird, aber sehr wohl, dass es keine normale Unterhaltung ist. Da treiben es zwei miteinander, und so wie es sich anhört, sind es Männer, und so laut wie sie sind, müssen sie davon ausgehen, allein zu sein.

Eine blöde Situation.

Ich bleibe liegen. Vielleicht haben sie ja nur eine kurze Pause und verschwinden bald wieder.

Es scheint nicht so. Beide kommen ziemlich laut, »Ich spritz dich voll!«, schreit der eine, und nach einer Weile gehen Türen, es hört sich an, als ob sie in der Küche sind und hierbleiben.

Es hilft nichts, ich muss aufs Klo.

Kaum öffne ich meine Zimmertür, verstummen die Stimmen. In der Küche stehen zwei nackte junge Kerle, halten die Hände vor ihre Pimmel und starren mich entgeistert an. »Wer bist du denn?«

»Felix. Bin gerade hier eingezogen. Entschuldigt, ich muss dringend pullern.«

Als ich vom Klo zurückkomme, haben sie sich was angezogen. »Du bist der Neue, oder? Wir dachten, du kommst erst übermorgen. Ich bin Jakob, 302, und das hier ist Tobi, 301. Sorry wegen vorhin … wenn du uns gehört hast.«

»Ich bin davon wach geworden«, grinse ich ihn an, »da wart ihr schon mittendrin und ich wollte nicht stören. Aber kein Problem, echt nicht.«

»Echt kein Problem?« Jakob mustert mich.

»Echt nicht. Im Gegenteil.«

Nun haben sie verstanden. »Patrick hatte recht«, sagt der eine, und wir stoßen mit einem Bier auf meinen Einzug an.

»Wer ist denn in den anderen Zimmern?«

»305 ist zurzeit leer. 303 hat Slobo. Er ist Koch. Wohnt hier, weil es günstig ist. Er spart auf einen eigenen Schuppen daheim in Kroatien. Wenn er dicke Eier hat, macht er mit, nur als Top natürlich. Oder er lässt uns zusehen, wenn er duscht. Slobo ist voll okay.«

»Also seid ihr nicht fest zusammen, oder wie?«

»Wir? Nein, wir ficken nur zusammen. Wieso?«

»Jakob, du checkst es nicht!«, schaltet sich Tobi jetzt ein. »Merkst du nicht, was er will? Sieh dir seine Hose an!« Er hat recht. Da ist was zu sehen.

Wir sind dann zu Tobi gegangen. Sein Zimmer ist etwas größer und hat ein Doppelbett, auf dem wir nackt und mit geschwollenen Rüben lümmeln.

»Worauf stehst du?«, fragt Tobi, und als ich zögere, ergänzt er: »Sag jetzt nicht, du hast noch nie …«

»Doch, ich hab schon. Aber noch nie zu dritt.«

»Keine Lust? Verliebt gewesen?«

»Weder noch. Keine Gelegenheit.«

»Na, dann wird's Zeit! Lutsch mal meinen!« Tobi scheint der Aktivere der beiden zu sein und hält mir seinen Steifen vor die Nase. Er ist wie der von Nico, kein Riese, aber ganz ordentlich. Ich lecke und sauge an seiner Stange, derweil macht sich Jakob über meine her. Seine Zunge bespielt meinen Pilzkopf, er macht das echt gut. Tobi fickt mich jetzt hart ins Maul, Jakob krault meine Eier, steckt mir nun auch noch einen nassen Finger ins Loch, und da passiert's, mir kommt es schon und Jakob kriegt meine Soße zu schlucken.

Er behält meinen Dödel im Maul, während er sich einen abrubbelt, auch Tobi wichst sich nun, beide spritzen sie ab auf meinen Bauch.

»Sorry. Ich wollte noch nicht. Aber …«

»Du hattest noch nie einen Dreier. Wissen wir schon. Kein Problem. Was denkst du, wie froh wir sind, dass einer wie du hier ist!«

Sie zeigen mir im Flur an einer Pinnwand den Dienstplan, in dem die Arbeitszeiten eingetragen sind. »Damit jeder weiß, wann einer vielleicht schläft. Also Türen nicht knallen und im Flur leise sein. Wenn du Besuch kriegst, sag vorher Bescheid. Damit wir nicht in Unterhose oder auch ohne hier rumlaufen. Und wir nutzen hier diese Anhänger vom Hotel für die Türen. Rot, ›Bitte nicht stören‹, ist klar, Grün, ›Bitte Zimmer machen‹, heißt, du bist ansprechbar, und wenn da nichts hängt, ist einer einfach nicht da. Im Bad bedeutet grün, einer ist vielleicht unter der Dusche, aber es kann sich ja trotzdem ein anderer rasieren oder Zähne putzen. Außerdem ist das Klo im Bad nur zum Pinkeln zu benutzen. Im Sitzen! Wir putzen schließlich selbst. Und jetzt ist es halb drei, wir können Essen gehen, komm!«

Der Pausenraum in der Nähe der Hotelküche, den mir Patrick vorhin schon gezeigt hat, ist zugleich Kantine. »Ab zehn gibt es hier die Reste vom Frühstücksbuffet. Und die Köche machen auch für die Belegschaft was«, erklärt Tobi. »Nachmittags, wenn das Mittagsgeschäft vorbei ist, und am späteren Abend. Es richtet sich immer auch danach, was übrig geblieben ist, aber in der Regel ist es gut. Und für Azubis umsonst.«

Das Essen ist gut, ja, es herrscht reger Betrieb, wobei die meisten Leute schnell wieder verschwinden, sobald sie fertig sind. Patrick setzt sich zu uns, dazu zwei Mädchen, die auch im Personaltrakt wohnen und meinen, ich müsse heute Abend unbedingt in den Keller runterkommen.

Nachdem die beiden weg sind, erklärt Jakob: »Der Keller ist im Prinzip für alle Azubis, wird aber hauptsächlich von denen, die hier wohnen, genutzt.«

»Überleg dir eine Ausrede, wenn sie dich anbaggern«, ergänzt Patrick, ehe er aufbricht.

Verdattert sehe ich ihm hinterher, und Jakob bemerkt meine Verwirrung. »Patrick weiß Bescheid. Er sieht es jedem an. Zumindest fast jedem. Deshalb hat er dich ja in unserem Flur einquartiert.«

»Was?«

»Schwulenradar. Er hat es.«

Mir wird was klar. »Er hat vorhin gemeint, ich würde zu euch passen … hat er noch da gewohnt, als ihr gekommen seid?«

»Nein. Aber Slobo war schon da, als wir eingezogen sind. Patrick hatte uns richtig eingeschätzt, so wie dich jetzt auch und …« Tobi unterbricht sich selbst, packt meine Hand, zerrt mich zu einem Koch, der eben was in einen Kühlschrank geräumt hat, und stellt mich vor. »Slobo, das ist Felix, unser neuer Nachbar in 304.«

Slobo nickt. »Willkommen! Wir sehen uns! Entschuldigt, ich hab was auf dem Herd …«

Wir laufen dann noch draußen rum, sie zeigen mir den Weg zur S-Bahn, ins Ortszentrum, zu einigen Läden, erzählen vom Hotel. »Wir machen diese Woche das Frühstück, da müssen wir um halb fünf aufstehen. Deshalb legen wir uns jetzt aufs Ohr.«

Ich kaufe mir was zu essen für morgen früh, denn bis zehn halte ich es nicht aus. Dann bin ich zurück auf mein Zimmer, checke meine Nachrichten und schreibe auch selbst ein paar, döse ein – und werde von dem gleichen Gestöhne wach wie heute Mittag.

Ich muss das im Schlaf schon registriert haben, oder zumindest mein Schwanz hat es registriert, ich schiebe einen Vollständer. Die beiden hätten ruhig fragen können, ob ich mitmachen will!

Ich sehe nach, wie sie das Schild an die Tür gehängt haben. Wenn es grün ist …

Gar kein Schild. Die Tür von Tobis Zimmer steht offen.

»Er ist da!«, stellt Jakob fest. Die beiden liegen völlig nackt auf dem Bett, jeder den Riemen das anderen in der Hand. »Komm schon her!«, fordern sie mich auf.

Das lasse ich mir nicht zweimal sagen, und im Nu liegen wir da im Dreieck, ich habe Jakobs Steifen zwischen den Kiemen und Tobis Zunge bearbeitet mein Rohr. Ich muss schon wieder aufpassen, so zu dritt ist es ganz was anderes als allein mit Nico …

Tobi hat seinen Kopf zwischen meine Oberschenkel gezwängt, er spreizt meine Hinterbacken, nun schlabbert er über meinen Arsch, seine Zungenspitze spielt mit meiner Rosette, und da passiert's: Mein Schwanz bäumt sich auf, spritzt ab, ein Teil geht wohl aufs Betttuch, der andere trifft Jakob.

»Aaaah! Sorry … aber Arschlecken …«

»Hast du noch nie gemacht. Denen vom ersten Lehrjahr muss man wirklich alles beibringen!« Tobi haut Jakob eine auf den Hintern: »Lass uns ficken! Soll er zuschauen, damit er was lernt!«

Grinsend kniet sich Jakob hin, reckt seinen Arsch in die Höhe, Tobi spuckt ihm in die Kimme, fixiert mich mit seinem Blick, während er Jakobs Ritze leckt und fingert. Schließlich fädelt er ein, bumst seinen Kumpel durch. Der genießt die Arschfüllung, mit verklärtem Blick lässt er sich pudern, alles direkt neben mir! Nun dreht sich Jakob zur Seite, Tobi bleibt hinter ihm, bumst weiter, und ich sehe wie Jakobs Nille bereits tropft. Wäre doch schade drum … meine Lippen schließen sich um diesen heißen Schwanzkopf, da feuert Jakob schon ab, und ich schlürfe und schlucke den Geilsaft.

Tobi knallt Jakobs Fickarsch nun richtig hart. Ich weiß nicht, ob der das noch geil findet, doch er muss herhalten, wird feste durchgezogen, bis seine Lustgrotte Tobis Sahne abkriegt.

»Er schluckt zumindest«, stellt Jakob fest, als wir wieder zu Atem gekommen sind.

»Das ist ja wohl auch das Mindeste, was man erwarten kann!«, fügt Tobi an.

3. Der Koch

Das hier waren mal Hotelzimmer«, erklärt Tobi. »Aber natürlich will heute keiner mehr ein Zimmer ohne eigenes Bad. Da haben sie einen neuen Trakt für die Gäste gebaut. So können sie relativ günstige Unterkünfte für Azubis anbieten, die sich hier ja nie eine normale Wohnung leisten könnten.«

»Wie viel kriegen wir eigentlich netto raus? So in etwa?«

»Also du, im ersten Jahr, um die 800. Davon gehen dann 250 für die Miete ab, das behalten sie gleich ein.«

Bleiben also gut 500, rechne ich im Kopf. Üppig ist das nicht. »Hoffentlich fehlt meinem Auto nichts«, überlege ich laut. »Ich muss heuer noch zum TÜV. Und brauche Winterreifen.«

»Eigenes Auto? Da wirst du wohl Zuschüsse von Mami und Papi brauchen!«, meint Tobi.

»Nein. Sie denken, das Auto bräuchte es nicht und die Ausbildung könnte ich auch bei uns im Dorf machen, wo ich schon gejobbt habe. Die hätten mich auch genommen.« Dass das unser eigenes Hotel ist, möchte ich nicht an die große Glocke hängen.

»Also keine Zuschüsse?«, bohrt Tobi nach.

»Nein. Und sie sollen sehen, dass ich allein zurechtkomme. Es muss gehen!«

Hinter dem Haus stehen ein paar Bänke und eine Tischtennisplatte, da ist im Moment niemand, aber zehn, zwölf Leute sind im Keller, als wir runterkommen. Zwei spielen gerade Darts, es gibt einen Billardtisch und einen Kicker, einige hocken auf abgenutzten Sitzgarnituren, die vermutlich mal die Lobby geschmückt haben, und stieren in ihr Handy, in einer Ecke knutscht ein Pärchen.

Jakob schlägt mit irgendwas gegen eine Flasche. »Hallo!«, ruft er in den Raum, deutet auf mich. »Das ist Felix. Er wohnt bei uns oben und fängt übermorgen an.«

»Die meisten hier sind Azubis, Slobo ist eine Ausnahme«, erklärt Tobi. »Und es gibt da hinten einige Kästen mit Cola, Wasser, Säften, Softdrinks. Wenn du dir was nimmst, trag dich in die Strichliste ein, die da liegt. Es kostet alles 70 Cent, ein Sonderpreis für uns. Einmal im Monat wird abgerechnet. Alkohol gibt's hier nicht. Bier darfst du dir selbst mitbringen, was Härteres nicht. Rauchen ist auch nicht. Manchmal schaut von den Chefs einer rein, wegen Jugendschutz und so.«

Wir bleiben bis kurz vor zehn. Tobi und Jakob erklären mir, wer wer ist und was wird. Sie selbst werden wie ich Hotelfachmann und sind ab übermorgen im dritten Lehrjahr. Die Mädels von heute Mittag sind auch da, werden aber von ein paar angehenden Köchen in Beschlag genommen, zumindest heute brauche ich keine Ausrede.

Beim Abendessen ist deutlich weniger los als mittags. »Nur welche, die hier wohnen, oder eben jetzt noch arbeiten«, erklärt Jakob. »Ist immer so.«

Als wir schon im Aufbruch sind, setzt sich Slobo noch zu uns, hat sich einen Teller aus der Küche mitgebracht. Er trägt diese hohe Kochmütze, weiße Jacke, kleinkarierte Hose; um die dreißig wird er sein, denke ich. Er will wissen, ob es geschmeckt hat, wir nicken alle, Tobi und Jakob brechen auf, da sie morgen so früh raus müssen. Ich bleibe noch ein wenig sitzen, frage, ob Slobo nun auch Schluss hat.

»Nein, bis Mitternacht machen wir noch Kleinigkeiten, wenn ein Gast was will, und dann müssen wir noch aufräumen und putzen. Und du, wirst du Koch?«

»Nein, Hotelfachmann. Aber ich habe auch schon in einer Hotelküche gejobbt.«

Wir unterhalten uns, solange er isst, dann verabschiedet er sich und ich verziehe mich in mein Zimmer, registriere die »Nicht stören«-Schilder bei Tobi und Jakob.

Ich habe weder Slobo kommen noch die anderen beiden aufstehen hören, und so bin auch ich im Flur und im Bad leise, schließe die Tür, ehe ich in der Küche das Radio anstelle und mir Müsli mache, um schon mal was im Magen zu haben.

»Jetzt schon Hunger? Morgen!« Slobo steht in der Tür, nur in einem knappen knallgelben Slip. Er könnte locker mit den Models von Aldi oder Lidl mithalten – und mit dem, was sich da in seiner Hose zu verbergen scheint, auch mit denen von Cazzo, Titan oder Lucas.

»Morgen! Ist Gewohnheit, Frühstück um die Zeit.«

»Du wirst dich umgewöhnen müssen. Ist irgendwas?« Ihm ist aufgefallen, wie ich ihn anstarre.

»Nein, äh, nichts, wieso?«

»Du schaust so … stört dich, wie ich rumlaufe?«

Ich schüttle den Kopf. »Haben mir Jakob und Tobi schon gesagt.«

»Was haben sie dir gesagt?«

»Dass ihr hier gelegentlich so rumlauft. Und dass du voll okay bist und ….«

»Und was?«

»Ach … ich habe schon mitgekriegt, was hier so abgeht. Weil sie nicht wussten, dass ich da bin, waren Tobi und Jakob ziemlich laut bei … du weißt schon. Das war etwas peinlich. Und als ich nach den anderen Kollegen hier gefragt habe, sagten sie eben, dass du mitmachst, wenn du …« Ich zögere.

»Wenn ich was?«

»Wenn du … dicke Eier hast.«

Als ich die Frage, ob sie mir das System mit den Türanhängern erklärt hätten, bejahe, meint er nur »Dann weißt du ja schon alles«, kratzt sich am Sack, zieht ab, und ich starre auf seinen prallen Hintern.

Das Schild an der Badtüre zeigt »Bitte Zimmer machen«.

»Komm rein!«, antwortet er auf mein Klopfen. Als ich

die Tür öffne, hockt er auf dem Lokus, und ich will gleich wieder verschwinden. Das muss nun nicht sein.

»Komm schon rein! Hier wird nur gepinkelt und außerdem bin ich eh fertig.« Er steht auf und drückt die Spülung, Unterhose an den Knien. »Was ist? Noch nie einen nackten Mann gesehen?«

»Doch. Aber ...« Einen wie ihn habe ich in der Tat noch nie nackt gesehen. Zumindest nicht in natura.

»Scheint nicht so. Willst du jetzt hier Zähneputzen oder mich anstarren?«

»Weder noch. Ich wollte ...«, stammle ich, »genauer schauen!«, ergänzt er und tritt näher. »Blas mir einen!«, höre ich. »Kannst es doch gar nicht erwarten!«

Ich gehe vor ihm in die Knie und fasse kaum, dass etwas Schlappes schon so groß sein kann.

Ich lecke seinen pissnassen Schniedel, umkreise mit der Zungenspitze die Nille; in einer Hand wiege ich seine fetten Eier, mit der anderen halte ich mich an seinem Hintern fest, und das Ding vor meiner Nase wächst und wächst, reckt sich, streckt sich, wird länger und dicker. Ich habe gerade so die Eichel im Mund, die füllt meinen Gaumen schon völlig aus. Trotzdem versucht er, seine Kanone noch weiter in mich reinzustopfen, doch das geht einfach nicht, unmöglich, und so rubbelt er selbst den Stamm seines Schaftes, bis er in meinem Rachen explodiert und ich seine Sahne abkriege.

Hektisch fummle ich mir untenrum die Klamotten ab, hole mir rasend schnell einen runter, mit Slobos Schwanzkopf noch im Mund kommt es mir sofort.

Nachdem Slobo im Bad fertig war, sind wir runter zum Frühstück. Tobi und Jakob haben schon etliche Platten, Schüsseln, Körbe gebracht, und was die Hotelgäste übrig gelassen haben, ist immer noch ziemlich viel.

»Wir kriegen hier, was sonst weggeworfen werden müsste«, erklärt Slobo. »Semmeln von heute, Obstsalat, Rührei oder aufgeschnittene Wurst kannst du morgen nicht mehr hinstellen. Und was sonst hier oder überhaupt in der Küche übrig bleibt, kriegt ein Bauer für seine Schweine, damit es nicht ganz verschwendet ist.«

»Sie finden sich zurecht und kennen schon einige Kollegen, Felix?« Herr Träger setzt sich zu uns, grüßt auch Slobo mit Vornamen. Der verzieht sich bald, der Chef fragt nach meinem Zimmer, meinen ersten Eindrücken und ob ich eventuell jetzt schon mal mitkommen könne. »Es würde den Ansturm morgen etwas entzerren.«

Die Personalfrau will Daten zu meiner Krankenkasse, Bankverbindung, ich unterschreibe einen Mietvertrag für das Zimmer, und nach dem Organisatorischen will der Chef mit mir reden.

Was ich mir von der Ausbildung erwarte, fragt er, wo meine besonderen Interessen lägen, ich berichte von meinen Erfahrungen mit Hoteljobs, und da hakt er ein: »Im Haus Ihrer Eltern, nicht wahr?«

»Woher wissen Sie …«

»Wir suchen, wie heute üblich, im Netz nach unseren Bewerbern. Patrick ist fit in solchen Sachen. Manchmal finden sich Dinge, die jemand besser nicht gepostet hätte.

Mit Ihrem Nachnamen und dem kleinen Ort, aus dem Sie kommen, war es nicht schwer, eine Verbindung herzustellen. Weshalb wollen Sie Ihre Ausbildung bei uns machen?«

Ich begründe es wie vorgestern erst gegenüber Nico, nur anders formuliert. Das Argument mit der fehlenden Männerauswahl lasse ich weg. Er scheint zu verstehen.

»Was wollte er?«, Slobo steht mit einem Kaffeepott in unserer Küche, ich berichte, und er erwähnt, er habe mit Tobi gesprochen. »Er hat gesagt, du bist schwul. Da hab ich gesagt, das weiß ich schon.« Wie heute morgen trägt er nur diese gelbe Unterhose, und ich schaffe es kaum, ihn nicht anzustarren.

»Hoffentlich erzählt er das nicht jedem! Und du auch nicht! Oder seid ihr geoutet?«

Er winkt ab. »Bleibt unter uns. Was ist mit dir? Du schaust wieder so?«

Eine Minute später liegen wir nackt in seinem Bett, ich lecke an seinen Hühnereiern, er spielt mit meinem Harten, und ich muss ihn unterbrechen, er soll die Finger wegnehmen, sonst geht es bei mir gleich los.

»Hattest noch nie was mit einem richtigen Mann, hm?« Er zwängt seinen Zapfen in meinen Mund, erstickt meine Antwort, außer »Ah … ah …« bringe ich nichts mehr zustande. Er hat meinen Kopf gepackt, ich kann ihm nicht ausweichen, aber er auch nicht richtig weit rein. »Hoffentlich geht's hinten besser!«, knurrt er, und da kriege ich fast Angst.

»Nein, Slobo, nein … das geht nicht!«

»Wieso, bist du noch Jungfrau?« Der Gedanke scheint ihn zu erregen.

»Nein, aber …«

»Hast es bisher nur mit Milchbubis wie dir selbst gemacht, oder? Kaum Haare am Sack, aber Männer sein wollen! Ich zeig dir, wie's richtig geht! Dir kommt die Geilheit doch aus den Ohren! Leck mir den Arsch!« Er dreht sich auf den Bauch, macht die Beine breit, dunkle Haare wuchern in seiner Kimme und rund um sein Loch. Im Vergleich dazu sind Nico, Tobi, Jakob und auch ich selbst wirklich Milchbubis. Allerdings … das jetzt lecken?

»Worauf wartest du?«

»Slobo, ich …«

»Du hast noch nie!« Er stöhnt auf. »Aber du bist hier, um was zu lernen. Arschlecken gehört ins erste Lehrjahr! Los!«

Vorsichtig spucke ich in seine Kimme, verreibe das Zeug, erkunde das Terrain mit einem Finger, umkreise zögernd seine Männermöse. Mehr Spucke, zwei Finger, nun zieht er die Knie an, reckt den Hintern breitbeinig in die Höhe, und zwischen stämmigen Oberschenkeln baumelt sein fettes Gemächt. »Leck! Mir! Den! Arsch!«

Ich biege lieber seinen fleischigen Pimmel durch seine Beine nach hinten, lecke über die Nille, dann an seinem Sack. Er lässt mich machen, und ich hoffe, ich habe ihn abgelenkt, doch Irrtum: Unvermittelt richtet er sich auf, presst mich mit dem Rücken auf die Matratze und hockt sich auf mich, seine Kiste auf meiner Fresse. »Leck!«

Ich kann mich kaum bewegen, kaum atmen, und er wetzt mit seinem strammen Arsch über mein Gesicht, vor, zurück, links, rechts, zwischendurch schnappe ich nach Luft. »Slo …«, zu mehr komme ich nicht, da lastet schon wieder sein ganzes Gewicht auf mir.

Plötzlich hebt er seinen Hintern etwas an. »Wenn du nicht willst, lassen wir's. Aber wenn du mich leckst, wichs ich dir einen ab. Versprochen!« Direkt vor meinen Augen lässt er die Muskulatur seiner Arschbacken spielen, seine Grotte macht auf und zu, und als sich nun noch eine seiner Pranken um meine zitternde Pappel legt, macht mich die Aussicht auf einen Wichs von ihm so geil, dass ich mit der Zungenspitze zögernd seine feuchte Ritze erkunde. Er hält jetzt still, und ich umkreise vorsichtig sein rosiges Loch, schmecke Seife und Mann. Richtigen Mann!

Ich nähere mich dem Ziel, meine Zunge ertastet seine Lustgrotte, er macht auf, ein ganz kleines bisschen dringe ich in ihn ein, er bearbeitet meinen Steifen, hart wichst er mich, fest, schnell, und als es mir kommt, ich stöhnend seine Hand und mich selbst einsaue, da presst sein Hintern mich wieder in die Matratze, schubbert über mein Gesicht, er rubbelt sich selbst einen ab, spritzt schließlich auf meinem Bauch ab und lässt sich neben mir ins Bett fallen.

»War das jetzt schlimm? Arschlecken?« Slobo hat sich im Bett aufgesetzt und sieht auf mich runter.

»Nein … ich … dein Arsch … deine Hand … ich …«

»Erstes Lehrjahr! Keine Ahnung von nichts!«

»Du kannst mir ja was zeigen … wenn du mal wieder mitmachst.«

»Ich mache ziemlich oft mit. Aber so dauergeil wie ihr mit achtzehn, neunzehn bin ich nicht mehr. Zweimal am Tag reicht mir. Die anderen treiben's noch öfter.«

»Geht hier im Haus noch mehr ab? Oder im Hotel?«

»Vom Hotel krieg ich in der Küche nicht viel mit. Und hier im Haus? Weiß nicht. Ganz unten und im ersten Stock sind Mädchen, im zweiten Burschen, wahrscheinlich passiert da auch mal was, interessiert mich aber nicht. Wir sind hier zusammen, weil Patrick die Zimmer verteilt und er uns erkennt.«

»Aber woran?«

»Er hat den siebten Sinn.« Slobo zuckt mit den Schultern. »Ich muss jetzt los, noch was erledigen, bevor es wieder in der Küche losgeht.«

4. Der Portier

Da Jakob und Tobi nicht aufgetaucht sind, obwohl sie laut Dienstplan längst Schluss haben müssten, sehe ich mich noch mal im Haus um und teste an einigen mit »Nur Personal« gekennzeichneten Türen meine Schlüsselkarte. Überall komme ich nicht rein, aber im Keller finde ich eine Umkleide mit etlichen Spinden, dazu Waschbecken, Toiletten, zwei Duschen. Draußen auf den Gängen sprechen mich manche an, weil ich eben keine Hotelkleidung trage; ich verweise auf morgen und zeige meine Codekarte, auf der mein Bewerbungsfoto prangt.

Beim Mittagessen um halb drei nachmittags ist Patrick der Einzige, den ich kenne, also setzte ich mich zu ihm. »Sind das Zimmer und die Nachbarn recht?«, fragt er, und auf mein Nicken hin, »Dacht ich mir! So wie du bei dem Bewerbertag diesen einen Dunkelhaarigen angestarrt hast…«

Ich erinnere mich. »War das so auffällig?«

»Ich hab's gemerkt. Du wirst den morgen wiedersehen, den haben sie auch genommen. Aber bei dem brauchst du's gar nicht probieren, der ist garantiert hetero, glaub mir.«

Einige Kollegen setzen sich in unsere Nähe, ich wechsle lieber das Thema. »Hast du auch hier gelernt? Und was machst du jetzt alles?«

»Ja, bin vor drei Jahren fertig geworden und jetzt meist an der Rezeption. Ich kümmere mich auch um Reservierungen und einige Verwaltungssachen.«

»Und du checkst eure Bewerber, sagt der Chef.«

»Ja, man glaubt nicht, was manche Leute alles unter ihrem echten Namen ins Netz stellen! Wir haben hier Gäste aus aller Welt, und auch das Personal ist bunt gemischt. Da wollen wir keine Leute mit irgendwelchen extremen Ansichten, egal ob politisch oder religiös oder sonst was. Man darf bei Bewerbungen natürlich nicht danach fragen, aber wenn man weiß, einer postet oder liket Nazi- oder Islamisten-Scheiß, wird er gar nicht eingeladen. Und jetzt hab ich Schluss für heute und geh heim. Was hast du noch vor?«

»Nichts weiter. Vorhin waren alle weg, mal sehen, ob inzwischen einer da ist.«

»Eher nicht. Slobos Schicht fängt bald an, und die anderen beiden wollten, soweit ich weiß, in die Stadt.«

»Ach so. Na, dann mach ich nichts.«

»Wenn du willst, kannst du mitkommen zu mir«, flüstert er, und mir ist völlig klar, wie er das meint, als ich ebenso leise »gern« antworte.

Patrick will sich noch umziehen und ich begleite ihn in die Garderobe, in der ich heute schon mal war. Da rubbelt sich gerade ein dunkelhaariger junger Typ, der duschen war, die Haare trocken. »Hallo Tarik«, sagt Patrick, nur »Hallo« erwidert der Fremde – und ich, und ich weiß nicht, wohin mit den Augen. Patrick zieht das grüne Hotel-Sakko, sein weißes Hemd, die schwarze Hose aus, hängt alles ordentlich auf Bügel. Dieser Tarik trocknet sich ab, wendet uns mal seine Vorder-, mal seine Rückseite zu, kommt völlig nackt zu uns her, sein Spind ist ganz in der Nähe. Nun stellt Patrick, mittlerweile in Slip und T-Shirt, mich ihm vor, und als wir uns die Hand schütteln, muss ich mich zwingen, ihm in die Augen zu sehen und nicht zu seinem blanken Gehänge weiter unten.

Patrick schlüpft in Jeans, Poloshirt und Sneaker und sieht gleich ganz anders aus. Und zwar nicht schlecht.

»Du wirst morgen einen Spind kriegen und was du brauchst. Die Dienstkleidung kannst du hier im Hotel zur Reinigung geben, das erzählen sie euch alles noch. Komm!«

Auf dem Weg zu Patrick frage ich, ob dieser Tarik auch …

»Nein. Aber er sieht nicht schlecht aus und ist nicht verklemmt. Wir hatten jetzt Glück, so viele duschen da unten nicht. Du solltest nur nicht zu auffällig schauen, wenn mal ein Nackter da unten rumläuft.«

Patrick hat eine Zwei-Zimmer-Wohnung ganz oben in einem sechsstöckigen Gebäude, aber im Gegensatz zum Personalbau gibt es hier einen Lift. Er lotst mich auf den Balkon. »Wir haben Föhn, man sieht die Berge«, sagt er, und es scheint wirklich, als ob die Alpen nur ein paar Kilometer entfernt wären.

Wir lehnen nebeneinander an der Brüstung, er erklärt, welcher Gipfel wie heißt, und als er mir eine Hand auf die Schulter legt, lege ich meine gleich auf seinen Hintern. »Lass uns reingehen!«

Kaum drinnen, fallen wir übereinander her und wälzen uns, noch angezogen, auf dem Teppich, betatschen durch den Stoff unsere Schwänze und Hinterteile. Wir befreien uns gegenseitig von Hemd und Hose, Patrick dreht mich auf den Rücken, legt sich auf mich. Nur noch von zwei dünnen Unterhosen getrennt, wetzen unsere harten Kolben aneinander, und Patricks Gesicht kommt näher und näher, seine Lippen pressen sich auf meine, seine Zunge öffnet meinen Mund, spielt mit meiner, rotiert in meinem Gaumen, und ich drehe gleich durch, das ist so neu und anders und ich kann es nicht mehr halten, wimmernd lasse ich es raus, spritze ab, in meinen Slip, unter dem sich auf mir windenden Patrick.

»Schon gekommen?« Er merkt es natürlich, besieht sich die Bescherung, und dann kaut und saugt er an meiner versauten Unterhose, zerrt seine eigene runter und gibt sich selbst die Faust, bis er sich auf die eigene Brust ergießt.

»Du hast noch nicht so oft, was?«, grinst er mich an.

»'Tschuldige, ich …«

»Macht doch nichts. Hier!« Er wirft mir ein Päckchen Tempo zu, nachdem er sich selbst eines rausgepfriemelt hat. »Aber deine Hose wirst du ausziehen müssen.«

»Ja, Kacke… kann ich nachher einen Beutel oder so was haben? Ich kann das Ding ja nicht gut in der Hand heimtragen.«

»Anderer Vorschlag: Wir tauschen. Du hast doch auch 5er, oder? Ich behalte deine, du kriegst dafür eine von mir. Getragen oder nicht, wie du willst. Gib schon her!«

Er zupft an mir rum, befreit mich von diesem verschmierten Stück Stoff und wischt mich dann mit einem Papiertuch ab, aber die meiste Soße hängt verklebt in meinem Schamhaar, das wird so nicht richtig rausgehen.

»Kann ich bei dir duschen?«

»Sicher. Muss aber nicht sofort sein, oder?« Patrick steht auf und nun habe ich über mir sein Gehänge mit dem noch halb erregten Pimmel und dem fast blanken Klötensack. »Ich lass es am Mann trocknen«, sagt er, steigt in meinen Slip, rückt sein Geschlecht darin zurecht und ich rapple mich auf, schlüpfe in das Ding, das er gerade noch anhatte. Ungewohnt, aber nicht ohne, gar nicht ohne…

»Willst du ein Eis? Ich hab was im Gefrierfach.«

Nur in Unterhosen sitzen wir auf dem Balkon, löffeln Schoko-Vanille, ich bitte ihn, das mit dem Hotel meiner Eltern für sich zu behalten, erzähle ein wenig von mir. Und Nico.

»Das heißt, bis vorgestern hattest du erst mit einem einzigen Kerl was?«

»Ja, und jetzt sind es mit dir schon fünf!«

»Und?«

»Ich hab was verpasst!«

»Das glaub ich auch. Aber wenn du willst, kannst du im Hotel einiges nachholen.«

»Wieso? Sind da noch mehr Kollegen?«

»Sicher sind noch einige Kollegen schwul. Manche offen, manche nicht. Von denen werde ich es dir nicht sagen. Ist schließlich Privatsache. Ich habe aber was anderes gemeint.«

»Was denn?«

»Das bleibt jetzt unter uns, versprochen?«

»Versprochen!«

»Felix, denk doch nach: Im Hotel sind zumindest unter der Woche überwiegend Geschäftsreisende. Weil ein Unternehmen eine Veranstaltung für seine Mitarbeiter macht, oder für Kunden, oder weil eine Messe ist. Und Geschäftsleute sind immer noch größtenteils Männer. Natürlich sind da auch Schwule dabei.«

»Ja, aber du kannst doch keinen darauf ansprechen!«

»Natürlich nicht. Aber erstens checke ich die einschlägigen Datingportale, wer da ganz nah eingeloggt ist. Wenn einer ein echtes Bild eingestellt hat, ist es eh klar, aber auch sonst bin ich mir meist ziemlich sicher. Wenn ich so jemandem sage, er könne sich, falls er noch irgendwelche Wünsche hat, gern an mich wenden, dann versteht er schon, wenn er verstehen will. Und wenn ich falsch liege, dann war ich einfach nur freundlich.«

Mir bleibt der Mund offen stehen.

»Felix, du bist jung und siehst gut aus. Wenn dich einer fragt, wann du Dienstschluss hast – denkst du, den interessiert, wie lang du arbeiten musst? Den interessiert was anderes.«

»Und dann gehst du zu dem aufs Zimmer?«

»Manchmal, wenn mir einer gefällt. Natürlich nur nach Dienstschluss und möglichst diskret.«

»Hast du nicht Angst, dass das rauskommt?«

»Ich tue nichts Verbotenes. Wichtig ist, dass die Initiative vom Gast ausgeht, auf gar keinen Fall von mir! Niemals! Ich lasse höchstens erkennen, dass ich nicht grundsätzlich abgeneigt bin. Und ich verlange nie Geld! Auch sehr wichtig, damit dir keiner einen Strick drehen kann.«

»Aber die geben dir was?«

»Die meisten. Ist doch klar, dass ich nicht mit einem ins Bett steige, weil ich mich Hals über Kopf in ihn verliebt habe.«

»Aber vielleicht, weil du geil auf ihn bist.«

»Das bin ich auch, sonst würde ich es nicht machen.«

»Gibt es noch mehr Kollegen, die das … so wie du?«

»Gibt es, aber ich sag dir nicht, wer. Praktisch jeder, der irgendwie Kontakt mit Gästen hat, wird mal angesprochen. Vorsichtig natürlich, du musst schon ein Ohr dafür haben.«

»Du spinnst! Ich glaub's nicht!«

»Spätestens wenn der erste Gast dich anmacht, wirst du's glauben. Und so wie du aussiehst, wird das nicht lange dauern, da bin ich mir sicher. Gehen wir wieder rein?«

Er hatte die ganze Zeit schon eine Hand in seinem Schritt liegen. Als er aufsteht, spannt meine Unterhose wie ein Zelt über seinem Mast.

Wir liegen wieder auf dem Teppich, jeder mit dem Riemen des anderen im Mund, und ich schmecke noch Reste des Spermas, das er vorhin verspritzt hat. Ich lecke an seinen Klunkern, meine Zungenspitze an seinem Schwanzauge, ich knete seine knackigen Pobacken, er rubbelt an meinem Rohr. »Willst du mich ficken?«, stöhnt er, wartet aber gar keine Antwort ab, dreht mich stattdessen auf den Rücken. »Warte! Ich will auf dir reiten!«

Kurz verschwindet er, kommt mit einer Tube irgendwas zurück, schmiert, noch im Gehen, sein Loch ein, gleich darauf meinen Harten, und schwingt sich dann über mich. Ich brauche gar nichts zu machen, er selbst fasst nach hinten, schnappt sich meine Latte, sucht mit der Spitze seine Lustgrotte und lässt sich dann fallen, bis er völlig aufgespießt auf mir hockt, seine heiße Kiste auf meinen Lenden, meine Kanone in seinem heißen Arschkanal.

»Ja!«, stöhnt er, »ja!«, und obwohl ich ihn ficke, hat er die Initiative. Er sitzt auf mir, seine Knie pressen meinen Körper zusammen, seine Finger zwirbeln meine Brustwarzen, sein Loch klemmt mir beinahe den Schwanz ab, sein Hintern rotiert, vor, zurück, nach links, nach rechts, mit meinem Kolben bis zum Anschlag drin.

Ich möchte ihn jetzt rammeln, ziehe die Knie an, doch er macht keine Anstalten, seinen Arsch etwas anzuheben, damit ich bocken kann. Im Gegenteil, er zieht selbst seine Kimme auseinander, presst sich an mich, meine Lanze fährt noch ein kleines Stückchen tiefer in ihn ein, gefühlt bin ich schon mindestens in seinem Magen.

Nun steckt er mir zwei Finger in den Mund, nass machen

soll ich sie, dann fasst er hinter sich, und ich merke, wie er die glitschigen Finger zusätzlich zu meinem Kolben in seinen Hintereingang bohrt! Ich kann kaum noch an mich halten, da zieht er die Finger wieder raus, hält sie mir noch mal zum Lecken vor die Nase, und als er sie wieder in sein Loch steckt, fickt er sich selbst damit. Mit dem Auf und Ab seiner Knöchel an meinem in dieser engen Grotte eingesperrten Rohr verschafft er mir einen Mega-Abgang und ich rotze all meine Soße in seine gierige Fotze!

Erst jetzt bearbeitet er seine eigene Latte, hektisch wichsend und immer noch mit seinem Arschloch meinen Schwanz bearbeitend, rubbelt er sich einen ab, saut mich ein mit seinem Schmand.

Nach dem Duschen setzen wir uns noch mal auf den Balkon, angezogen jetzt, es wird Abend.

»Wie war's für dich?«

»Spitze, echt, obwohl ich mich nicht rühren konnte.«

Patrick grinst mich an. »Das war so beabsichtigt. Ich hatte befürchtet, wenn du zustoßen kannst, kommst du wieder so schnell. Das wollte ich vermeiden, ich wollte ja was von der Nummer haben!«

Nach einer Pause fährt er fort: »Du hast vorhin gesagt, ich sei der Fünfte … also hast du schon mit Jakob, Tobi und Slobo, oder?«

»Ja, aber nicht so richtig … ich meine, schon, aber eben nicht … mit Slobo kann ich mir das sowieso nicht vorstellen. Das kann doch gar nicht gehen! Bei der Größe!«

»Es geht schon, glaub mir, aber für Anfänger …«

»Hast du noch da gewohnt, als Slobo eingezogen ist?«

»Ja, ich weiß, was für ein Kaliber der hat … mega, wenn man sich mal dran gewöhnt hat.«

»Wieso bist du dann ausgezogen?«

»Ach, damals war noch nicht der ganze dritte Stock schwul. Das habe ich forciert, seit ich die Zimmerbelegung mache. Und du kannst dort niemanden treffen, ohne dass die anderen es mitkriegen. Eigene Wohnung hat schon Vorteile.«

In unserem Stockwerk hängt an keiner der Zimmertüren irgendein Schild. Niemand da. Also schaue ich schon mal in die Kantine, auch wenn es noch dauern wird, bis es was zu essen gibt. Da sitzen Tobi und Jakob mit zwei anderen zusammen, die sie als »Achmed und Olaf, Köche, zweites Jahr« vorstellen, dann fragen sie, ob ich mich schon gesehen hätte, und weisen auf das Schwarze Brett im Eingangsbereich.

Da hängt ein Blatt »Wir begrüßen unsere neuen Auszubildenden …«, mit Namen und Fotos, und ich erkenne den Dunkelhaarigen wieder, den ich so attraktiv fand, Lorenz heißt er, er wird Koch wie auch zwei andere Burschen und ein Mädchen. Bei den Hotelfachleuten ist das Verhältnis umgekehrt: drei Mädchen und ich.

»Acht neue Azubis«, überlege ich am Tisch. »Ganz schön viel.«

»Das reduziert sich«, erklärt Olaf. »Wir waren auch vier, davon sind zwei schon wieder weg. Bei euch ist die Quote besser. Durchschnittlich drei von vier halten durch.«

»Oft wegen der Arbeitszeiten. Man hat halt nicht immer Zeit, wenn die Freunde frei haben«, ergänzt Tobi. »Und in der Küche kommen nicht alle mit dem Umgangston klar.«

»Du darfst es nicht persönlich nehmen, wenn dich einer der Köche anmotzt«, fügt Achmed an. »Wird dir auch passieren, wenn du bei uns bist.«

5. Einstand im Bett

Am nächsten Morgen mache ich mich halbwegs fein, so für den ersten Tag. Patrick an der Rezeption schickt mich in einen kleineren Konferenzraum. »Ein paar sind schon da. Wenn du irgendwelche Fragen oder Wünsche hast, kannst du dich gern an mich wenden.« Sein Blick lässt keine Zweifel, was er meint.

An einige der anderen etwas verlegen rumstehenden Azubis erinnere ich mich, vor allem an Lorenz. Ob Patrick sich nicht vielleicht täuscht?

Tobi bringt einen Wagen mit Softdrinks, Kaffee, Tee; einige Keksschalen stellt er auf die Tische. »Bedient euch!«, fordert er auf. »Und setzt euch.«

Herr Träger und Herr Schuster, der Personalchef, tauchen auf, erzählen nach der Begrüßung einiges zur Geschichte des Hotels, wir bekommen Namensschilder, die anderen auch ihre Codekarten, sie erklären das Zeiterfassungssystem, verweisen auf ihre Hausregeln, das Übliche, eigentlich Selbstverständliche in einem Dienstleistungsberuf. Freundlich soll man sein, hilfsbereit, auch wenn ein Gast mal unhöflich oder patzig ist. »Es gibt aber

Grenzen«, stellt Herr Träger klar. »Sie brauchen sich nicht schikanieren oder beleidigen zu lassen. Und vor allem, sie müssen sich keinerlei sexuelle Anzüglichkeiten gefallen lassen, weder verbal noch sonst wie, und weder von Gästen noch von Kollegen. Wenden Sie sich sofort an Herrn Schuster oder mich, wir werden das klären. Das gilt jetzt hauptsächlich für die Damen unter Ihnen, aber nicht nur.«

»Ich trete jeder Schwuchtel, die mich anmacht, in die Eier!«, raunt Lorenz, laut genug, dass alle es hören. Gelächter von einem der anderen Köche, Gegickel von einigen Mädchen.

Der Chef reagiert äußerst scharf. »Eine Tätlichkeit gegenüber einem Gast hätte Ihre sofortige Entlassung zur Folge, nur damit das klar ist. Und Ihre Bemerkung ist nicht lustig. Eine solche Ausdrucksweise möchte ich hier nicht hören. Wir erwarten einen anständigen Umgangston, gegenüber Gästen, aber auch gegenüber Kolleginnen und Kollegen. Ich hoffe, das haben alle verstanden.«

Betretenes Schweigen. Beschämend, das Verhalten einiger meiner Kollegen. Patrick hat sich in Lorenz nicht getäuscht.

Nach einer ausführlichen Führung durch das ganze Haus erhält jeder einen Dienstplan für den ganzen September. Wie Herr Schuster erläutert, werden wir alle zunächst nur tagsüber und Montag bis Freitag eingesetzt, ich soll beim *Facility Management* anfangen, auf gut Deutsch also den Hausmeistern helfen.

Dann bitten sie uns zum Mittagessen in einen Nebenraum des Restaurants an einen runden, für ein dreigängiges Menü gedeckten Tisch. Ein Test, völlig klar. Jeder der Chefs beobachtet sehr genau, wie die Leute essen und mit Besteck umgehen, sie werfen allgemeine Fragen zum Zeitgeschehen in die Runde. Dass Lorenz nach einem Bier fragt, kommt nicht gut an. Und mir wird bewusst, ich bin drei Jahre älter als die anderen.

Nach dem Essen zeigt man uns die Umkleide, wir bekommen unsere Spinde und Dienstkleidung, als Hausmeister-Hiwi kriege ich Polo- und Sweatshirts, dann ist für mich der erste Tag vorbei, die anderen haben noch den organisatorischen Kram vor sich. Morgen sollen wir um acht wieder in diesem Seminarraum sein, dann wird es richtig losgehen.

In unserem Flur palavern gerade alle drei in der Küche und ich berichte von meinem Tag. »Slobo, pass auf! Lorenz wird dir in die Eier treten, wenn du ihn anmachst!«

»Ich mache doch keinen von den Lehrlingen an, bin ja nicht bescheuert. Aber er soll mir bloß nicht mit blöden Sprüchen kommen!«

Jakob fragt, womit ich morgen anfange.

»Facility Management.«

»Mhm, sie lassen die Leute nicht gleich am Anfang auf die Gäste los. War bei uns auch so. Wir haben übrigens gerade von dir gesprochen.«

»Weshalb?«

»Wir sind alle drei der Meinung, das war noch kein

richtiger Einstand, was du bisher so gebracht hast.« Slobo fasst sich in den Schritt, und mir wird klar, was er will.

»Slobo, das geht nicht! Dein Ding ist zu groß!«

»Die beiden hier haben auch erst gejammert. Und jetzt …«

Das kann gar nicht sein. »Ihr lasst euch von ihm bumsen? Ich glaub's nicht!«

»Er ist gut, glaub mir. Wenn du den erst mal drin hast …« Tobi fasst sich an den Hintern.

»… zerreißt es dir den Arsch!« ergänze ich.

»Ach was! Reine Übungssache!«

»Da hörst du's! Wir fangen heute mit dem Training an! Mitkommen!« Er schiebt mich vor sich her in sein Zimmer.

»Ausziehen!«, verlangt er, zieht selbst blank, und sein freischwingender Eumel ist einfach überdimensional. Trotzdem ist mein Rohr schon ziemlich erregt, als ich meinen, oder eigentlich Patricks, Slip fallen lasse.

»Merkt ihr was?«, fragt Slobo rein rhetorisch Jakob und Tobi und gibt die Antwort gleich selbst: »Er braucht mich nur zu sehen, schon ist er geil. Lutsch!«

Das gilt mir, und ich bemühe mich, ich versuche es wirklich, aber es geht einfach nicht, ich schaffe nicht mal die Hälfte seines Riesen, und das nur mit größter Mühe.

»Zeigt ihm mal, wie's geht!« Slobo winkt die anderen beiden heran. Sie haben sich auch ausgezogen, und mit halbsteifem Pimmel geht Tobi vor Slobo auf die Knie, holt tief Luft, reißt den Mund auf, klammert sich an Slobos

Arsch, und der schiebt ihm seine Kanone bis zum Anschlag in den Rachen. Slobo packt Tobis Kopf, verpasst ihm einen derben Maulfick, und ich frage mich, wieso sein Schwanz nicht in Tobis Nacken wieder rauskommt.

Tobi keucht und japst nach Luft, als Slobo ihn loslässt, auch ihn hat das einige Anstrengung gekostet.

»Jetzt du!« Jakob ist dran, und auch er schafft es, sich Slobos Hammer reinzuziehen.

»Du siehst, es geht! Blas jetzt erst mal die anderen beiden, das wirst du doch wohl hinkriegen!«

Das kriege ich hin, ja. Tobi und Jakob haben ganz normal große, ordentliche, schöne, gerade Schwänze. Die speichle ich ein, abwechselnd nuckle und sauge ich an den zweien, blase sie auf volles Format, beide stoßen mir dann ihre harte Stange in den Schlund, das packe ich, das hat Nico auch mit mir gemacht.

»Geht doch!«, stellt Slobo fest. »Jetzt wieder meinen!«

»Du musst durch die Nase atmen! Wie beim Zahnarzt. Probier's!« Ein Tipp von Jakob.

Zahnarzt ist das Letzte, an das ich gerade denken möchte, aber ich versuche es, konzentriere mich ganz auf meine Atmung, verdränge, warum ich den Schnabel so weit aufreiße. Slobo hält meinen Kopf, sein Bolzen arbeitet sich langsam vor, sicherheitshalber habe ich meine Hände an seinen Hüften, um ihn im Notfall schnell zurückstoßen zu können, ehe ich womöglich den Boden hier vollreihere.

Slobo lässt zumindest sofort los, als ich ihn von mir wegschiebe, röchelnd und kurz vor dem Erstickungstod.

»Mehr geht nicht!«, japse ich. »Hör auf!«

»War schon mehr als vorhin«, stellt er fest, »wird besser. Jetzt machen wir hinten!«

»Nein, Slobo, das geht erst recht nicht! Das kann gar nicht gehen!«

»Glaubst es nicht? Kannst zuschauen! Wer will?«

Tobi reagiert sofort, kniet sich auf allen vieren aufs Bett, reckt seinen Hintern hoch und kann es anscheinend gar nicht erwarten, bestiegen zu werden.

»Leck ihn! Damit sein Arsch schön nass ist!« Slobo schiebt mich zu Tobi, und ich schaue erst mal. Kein Vergleich mit Slobos Hintern. Der von Tobi ist deutlich schmäler, kaum behaart, die Ritze fast kahl, das Loch geradezu winzig, es ist völlig unmöglich, dass der enorme Schwanz des Kochs da reinpasst.

»Was ist? Leck ihn!«, fordert mich Slobo erneut auf, und Jakob wirft ein: »Das hat er noch nie gemacht!«

»Hat er schon«, widerspricht Slobo. »Meinen!«

Ja, und wenn ich ehrlich bin … es hatte was. Also wieso nicht auch jetzt? Langsam fange ich an, nicht gleich am Loch, lecke erstmal über Tobis kleine, knackige Arschbäckchen, dann seine Kimme, zuletzt seine Grotte, die sofort aufmacht, als meine Zungenspitze anstößt, Tobi ist heiß und will was hinten drin haben, und zwar mehr, viel mehr!

»Slobo, fick mich!«, stöhnt er, ich rücke beiseite und weiß immer noch nicht, wie das jetzt gehen soll.

Slobo hat neben uns gemächlich gewichst, seine Erektion gehalten, nun schmiert er seinen Mast und Tobis nasses Loch mit Gel ein, steckt schon mal einen, zwei, sogar drei Finger rein, es ist faszinierend, wie dehnbar diese Arschmöse ist.

»Pass auf!« Diese Aufforderung bräuchte es nicht, ganz genau beobachte ich, wie Slobos fette Nille sich in Tobis Hintereingang zwängt. Bei der dicksten Stelle hält der kurz die Luft an, dann stöhnt er lustvoll auf, er ist so was von geil mit dieser Fleischwurst hinten drin.

Langsam bumst Slobo Tobis Arsch, und er fordert Jakob auf, es mir zu besorgen: »Fick du mal unseren Neuen!«

Jakob springt sofort darauf an. Neben Tobi soll ich mich knien, er fettet seinen Stab und mein Loch, testet mich kurz mit einem Finger, dann dringt er in mich ein, zügig, bis ich seine Lenden an meinem Hintern spüre. Es ist geil, ich habe mich auch von Nico gern besteigen lassen, aber fast noch geiler ist Tobis verklärter Blick neben mir, der ist ganz hin und weg.

»Bohr ihn richtig auf!«, spornt Slobo Jakob an, »ehe ich ihn mir nehme!«

»Willst du nicht mich ...« Tobi klingt enttäuscht.

»Heute nicht ... heute spritz ich in Felix' Arsch ... hol dir einen runter und heb die Soße auf. Nehmen wir dann als Schmiermittel. Und du, Jakob, komm, füll ihn ab! Damit er auch innen schon vorgeschmiert ist!«

Ich beiße mir auf die Zunge, auf die Lippen, ramme mir die Fingernägel in die Arme, um nicht schon zu kommen.

Dieser Slobo hat so eine versaute Phantasie, und Jakob steht ihm in nichts nach, merke ich, als er Slobo auffordert, ihm einen Finger hinten reinzustecken: »Dann komm ich schneller!«

Er vögelt mich durch, schreit auf, seine Rute zuckt und lädt in meinem Arschkanal ab, erst dann zieht er seine Latte raus. Tobi neben mir rubbelt sich einen ab, spritzt in seine linke Hand, und ich rücke ein wenig, will sehen, wie Slobos Kanone dessen geschundenes Loch freigibt.

Schmatzend verlässt der harte Fleischspieß sein Versteck, Tobi stöhnt auf, diesmal sicher nicht aus Geilheit, als Slobos fette Nille seine Fotze nochmals kurz sprengt.

»Jetzt bist du dran!« Slobo patscht mir auf den Hintern. »Tobi, schmier ihn ein!«

Der kommt wimmernd, weil ihm sicher der Arsch wehtut, zu mir, verteilt seine Soße in meiner Ritze, meinem Loch, sicher das beste Schmiermittel überhaupt. Trotzdem – so wie Slobo Tobi gebockt hat, will ich es nicht. Lieber so wie gestern.

»Slobo, leg dich hin! Dann setz ich mich drauf. Oder ich probier's zumindest.«

Er ist einverstanden. »Willst mich reiten? Gut. Dann mach!« Er legt sich auf den Rücken, sein Mast ragt fast kerzengerade in die Höhe.

»Wie groß ist der eigentlich?«

»Jetzt vierundzwanzig. Was ist? Hast du Schiss?«

Habe ich, ja, aber ich weiß, es ist zu spät um abzubrechen, ohne zumindest einen Versuch gewagt zu haben.

So wie gestern Patrick auf mir, sitze nun ich auf Slobo,

stütze mich auf seiner haarigen Brust ab, hinter mir kauert Tobi, führt Slobos Nille an ihr Ziel, mein Loch, ich spüre, was für ein dickes Ding da Einlass begehrt.

Zum Glück hält Slobo still, lässt mich machen, und ganz, ganz langsam senke ich meinen Hintern, meine Grotte macht auf, wirklich gut, dass vorher Jakob drin war und vorgebohrt hat. Ich mache kurze Pausen, wenn ich meine jetzt ist Schluss, doch irgendwie geht es immer doch noch ein bisschen weiter. Es tut weh, und zugleich ist es geil, ein kurzer, heftiger Schmerz jetzt und ich weiß, das Schwierigste ist geschafft. Der Pfeifenkopf ist drin!

Slobo hat das gemerkt, er packt meine Hüften, drückt mich runter, bis mein Hintern bei ihm aufsitzt, und ich weiß, da stecken nun vierundzwanzig Zentimeter Schwanz in mir! Unfassbar! Und mein eigenes Rohr ist sogar trotz der Anstrengung hart geblieben!

»Geil?«, presst Slobo hervor, packt meinen Riemen, wichst mich.

»Nicht!«, halte ich ihn auf. »Erst du! Bitte!«

»Gut!« Er greift sich meine Arschbacken, hebt mich etwas an, dann stößt er zu. Nicht sehr fest und bei weitem nicht mit seiner vollen Länge, doch mir langt das vollkommen. »Sag was!«, knurrt er, »dann geht's schneller!«

Hoffentlich, denn lang halte ich das nicht aus. »Fick mich, Slobo, komm, fick mich! Du zerreißt mir den Arsch, komm, mach schon, fick mich durch, komm, komm, stopf mich, aah … ich kann nicht mehr …« Er wird schneller, seine Augen glasig, bald werde ich ihn haben. »Spritz mir in den Arsch! Komm! Spritz, bitteeee!!! Aaah! Mir kommt's! Spritz, Slobo, spritz! Jaaah! Ja! Uaaah!«

Er bockt nicht mehr, er lädt ab, sein Bolzen schießt seine Ladung ab, und mir treibt es die Soße heraus, bis in Slobos geil verzerrte Fresse fliegt das Zeug, ein Spritzer landet sogar in seinem Mund, mein Herz rast, ebenso mein Atem, und auch Slobo scheint ziemlich fertig zu sein, alle Viere streckt er von sich.

Minutenlang bleibe ich sitzen, richte mich erst auf, als das Ding in meinem Hintern weich geworden ist und schließlich mit einem satten Pflopp aus seiner Höhle flutscht.

Dass Tobi und Jakob nun applaudieren, halte ich für übertrieben. Aber alle drei meinen, das mit dem Einstand wäre nun erledigt.

6. Der Gärtner

Die Essenszeit ist längst vorbei. Wir hauen uns, jeder in seinem Zimmer, aufs Ohr, und ich bin so fertig, dass ich vergesse, mein Türschild auf *Bitte nicht stören* zu drehen.

»Selbst schuld!«, stellt Jakob denn auch fest, nachdem er mich mit festem Klopfen geweckt hat. »Konnte nicht wissen, dass du noch pennst. Slobo ist grade zur Arbeit, und wir wollten in der Küche noch was Organisatorisches mit dir bereden.«

Sie haben eine gemeinsame Kasse für den Kauf von Putzzeug, Klopapier, Kaffee, Zucker, ähnlichen Kram, in die jeder monatlich 25 Euro einzahlt. Einen Sammel-Einkaufszettel. Und einen Putzplan für Küche, Flur, Bad und Klo. »Bettwäsche und Handtücher vom Hotel und Dienstkleidung kannst du im Hotel waschen lassen. Für den Rest sind im Keller Maschinen. Wir sammeln alles im Bad in einer Tonne, bis es sich rentiert und eine Trommel voll wird. Waschen geht auch reihum, Bügeln muss jeder selbst. Du bist als nächstes mit Putzen und Waschen dran. Mehrheitsbeschluss. Außerdem, wichtig:

Ordnung in der Küche! Ein Spleen von Slobo. Ungewaschenes Geschirr in der Spüle kann er nicht ausstehen. Oder wenn etwas nicht auf seinem Platz steht. Da wird er richtig sauer. Wahrscheinlich eine Berufskrankheit. Verraten wir ihm noch was?«, wendet sich Tobi fragend an Jakob.

Der nickt und Tobi redet weiter. »Stell dich drauf ein, dass dich von den Gästen, die hier übernachten, welche anmachen werden. Und überleg dir, wie du darauf reagieren willst.« Sie erzählen fast dasselbe wie gestern Patrick. »Stell dich blöd, wenn du nicht willst. Als ob du Anspielungen nicht verstehst. Und wenn du Lust hast, lass sie ruhig etwas zappeln. Das macht sie heiß, weil sie meinen, du machst es eben nicht mit jedem.«

»Das werd ich auch nicht!«

»Gar nicht oder nicht mit jedem?«

»Mal schauen.«

»Also wir machen's ab und an. Wenn uns ein Typ gefällt… wieso nicht? Meist gibt's sogar etwas Taschengeld. Sei bloß vorsichtig mit Betrunkenen, das gibt nur Ärger.«

Wir spielen unten im Keller Billard, bis es was zu essen gibt, dann geht's zurück nach oben, spätestens um sieben will ich morgen auch aufstehen.

Nachdem Tobi und Jakob durchs Bad sind, mache ich mich bettfertig, und ehe ich zurück aufs Zimmer gehe, werfe ich einen Blick in die Wäschetonne. Wie voll das Ding ist, wann ich wohl waschen muss. Unter dem Zeug von Tobi und Jakob sticht etwas Gelbes hervor – Slobos Unterhose von gestern!

Ich kann nicht anders, das Ding zieht mich an, ich schnüffle an der Vorderseite, in der sein Megaprügel gesteckt hat, an der Rückseite, die über seinen Mackerarsch spannte. Mit Hose unten an den Füßen hocke mich auf den Klodeckel, sauge an dem gelben Stoff, will mir gemütlich einen abwichsen und rubble schön langsam meinen Steifen.

Ich habe vom Flur her nichts gehört, doch plötzlich geht die Tür und Slobo steht da, heute in einem schwarzen Slip, er checkt sofort, was Sache ist. »Du stehst auf Unterhosen?« Leise schließt er die Tür hinter sich.

Mehr als verlegen stottere ich: »Wieso bist du nicht in der Küche?«

»Schau auf meinen Dienstplan. Heute nur bis elf. Willst du die auch?« Er steigt aus seinem schwarzen Teil, hält es mir hin. »Kannst du nachher in die Wäsche tun. Willst du allein sein? Oder soll ich's dir besorgen? Wenn du mir den Arsch leckst, mach ich's dir!«

Ich liege auf dem Rücken auf dem Duschvorleger, Slobo hockt mit seinem breiten Hintern auf mir, ich lecke durch seine vom Arbeitstag verschwitzte Kimme und über sein Loch, seine Faust bearbeitet mein Rohr, es braucht gar nicht viel, da kommt es mir schon, und bald danach lädt auch Slobo ab, spritzt auf meinen Bauch.

»Musst das rote Schild raushängen, wenn du nicht gestört werden willst«, bemerkt er, während ich mich noch mal wasche.

»Gut, dass ich's nicht getan habe.«

»Ihr Milchbubis seid alle gleich … dauernd geil. Wenn du eine Unterhose von mir willst, kauf mir eine. Größe 7. Zieh ich an, und dann kannst du sie wieder haben und damit machen, was du willst. Wenn ich mal nicht da bin.«

»Mach ich. Bald.«

Zwei Kollegen sind morgens um halb acht in der Umkleide, mit einem kurzen *Guten Morgen* stellt ich mich vor, etwas merkwürdig, wenn das Gegenüber in Unterhose vor einem steht. Die beiden machen sich so halb fein, ärmellose Weste in Hotel-Grün über weißem Kurzarmhemd, und sind bald verschwunden. Für mich als Hausmeister-Hiwi wird zur Jeans ein Poloshirt reichen, grün natürlich, mit Logo und Namen des Hotels auf der Brust.

Als ich gerade meinen Spind schließe, kommt einer der neuen Koch-Azubis, ich komme grade nicht auf den Namen, aber es ist jedenfalls der, der nicht gelacht hat. Er scheint froh, jemand zu sehen, den er kennt, aber auch etwas enttäuscht wegen meiner Kleidung. »Du wirst nicht Koch?«

»Nein, aber ich habe schon öfter in einer Küche gejobbt.«

»Hat's dir nicht gefallen?« Er kramt in seinem Spind.

»Doch, aber ich hab lieber mehr mit Leuten zu tun.«

»Ich wollte immer Koch werden. Sogar meine Mutter sagt, dass ich das kann. Besser als sie selbst.« Er hat seine neuen Klamotten in der Hand, zögert.

»Soll ich gehen, wenn du dich umziehst?«

»Nein, ist schon okay.« Er schlüpft aus seiner Hose, seinem Hemd, und Slobo würde ihn wahrscheinlich als Küken bezeichnen. Er wird sechzehn sein, aber er wirkt noch jünger.

Er scheint stolz in seiner Kochuniform, ich soll gleich ein Bild von ihm machen. Als er sein Namensschild ansteckt, fällt es mir wieder ein. Sebastian heißt er.

Punkt acht kommt Herr Schuster in den Konferenzraum, in Begleitung des Chefkochs sowie eines Herrn Lehner, zuständig für *Facility*, und Frau Klein, der Hausdame. Es sind alle Azubis da, aber nur die Hälfte bereits in Berufskleidung. Die anderen beordert er gleich zum Umziehen.

Herr Lehner nimmt mich mit nach draußen, heute und morgen soll ich bei der Pflege der Außenanlagen helfen. Nächste Woche dann im Haus. Damit ich sehe, was alles zu einem Hotel gehört, meint er.

Er führt mich zu einem Nebengebäude, in dem gerade jemand an einem Mähroboter rumfummelt. Als er sich zu uns dreht, erkenne ich Tarik aus der Dusche. Dem soll ich zur Hand gehen.

Das Hotelgelände ist ziemlich weitläufig, wir haben gut zu tun. Nach der Frühstückspause wird es heiß, Tarik trägt eine Schirmmütze des Hotels, so was bräuchte ich auch, und er hat ein paar Flaschen Wasser für uns dabei, die teilen wir.

Irgendwann, als wir ein gutes Stück vom Haupthaus

entfernt sind, drückt meine Blase. »Tarik, wo ist hier ein Klo?«

»Pinkeln kannst du da hinter den Büschen.« Er deutet zu ein paar Gewächsen.

Kaum habe ich begonnen, Wasser abzulassen, stellt Tarik sich direkt neben mich. »Muss auch«, sagt er, packt aus, hält seinen Schniedel hinten an der Wurzel, das ganze Ding hängt an der frischen Luft, als er es, genussvoll schnaubend, laufen lässt. Ich tue, als ob ich mich auf meinen Schwanz konzentriere, schiele aber mit gebeugtem Kopf nach rechts zu seiner Nille, aus der die Pisse auf den Komposthaufen vor uns schießt.

Ich versuche, mit angezogener Handbremse zu pinkeln, um möglichst lang einen Grund zu haben, neben ihm stehen zu bleiben und einen verstohlenen Blick auf seinen beschnittenen Schwanz werfen zu können. Mein Strahl versiegt, da kommt nichts mehr, ganz einfach, weil mein Rohr stocksteif wird. Ich will es gar nicht, aber das Ding da unten zwischen meinen Beinen entwickelt ein Eigenleben.

»Aaah, gut!« Tarik schüttelt die letzten Tropfen ab. Er hat in die Luft gestarrt, während er schiffte, nun merkt er, wie verkrampft ich da neben ihm stehe. Ich versuche, meine Erektion mit den Händen zu verdecken, wegpacken kann ich die Latte nicht, in dem Zustand kriege ich sie nicht zurück durch den Hosenschlitz, und den Knopf über dem Reißverschluss kann ich nicht öffnen, ohne dass er was sieht.

»Was ist los?« Tarik schließt seinen Hosenlatz, sieht mich dabei an, sein Blick wandert nach unten, ich möchte im Boden versinken. »Entschuldige.«

»Verstehe«, sagt er. »Hab mir gestern schon gedacht, warum schaut er so … Jetzt verstehe ich.«

»Tarik, ich will dich nicht anmachen! Echt nicht! Entschuldige!« Mein Schwanz macht keine Anstalten, sich zu beruhigen, eher im Gegenteil. »Ich weiß nicht, warum …«

»Unsinn! Warum?«

»Weil du … du bist da gestanden, so … stolz auf deinen … aber wahrscheinlich bist du nicht …«

»Nein. Bin ich nicht.«

»Dachte ich. Bitte sei nicht sauer.«

»Nein.« Er überlegt. »Wir haben früher, so mit dreizehn, gemessen, wer am weitesten pinkeln kann. Es war einer dabei, der so reagiert hat wie du. Damals habe ich es nicht verstanden … Er war schlau genug, zu sagen, er will nur zeigen, wie groß seiner wird und wie weit er spritzt … wir haben dann alle mitgemacht …«

»Ihr habt zusammen gepinkelt und gewichst?«

»Ja. Fanden wir damals lustig.«

Ich halte es bald nicht mehr aus. Meine Latte, immer noch verborgen von meinen Händen, tropft schon. Ich will, ich muss mir endlich einen runterholen. Am liebsten mit ihm zusammen wettwichsen. Oder weitpissen. Oder … ihn absaugen. Oder … meine Fantasie geht mit mir durch … mein Rohr bäumt sich auf, zwischen meinen Fingern schießt die Wichse heraus auf den Kompost, und wieder möchte ich im Boden versinken.

Wir haben dann weiter gearbeitet. Ich bin im Haus Pinkeln gegangen, wir haben beide nicht mehr angesprochen, was da passiert ist. Unser Chef ist zweimal vorbeigekommen, ich habe nach einer Kappe gefragt, er will mir eine besorgen.

Nach Arbeitsende kommt Tarik mit in die Umkleide. Ich wechsle bloß das Hemd, werde oben duschen, er zieht sich ganz aus, erst dann kramt er nach Gel, Shampoo und Handtüchern, seinen nackten Hintern mir zugewandt, und ich verabschiede mich für heute.

Oben bei uns ist keiner da. Trotz des grünen Türschildes kommt niemand ins Bad, als ich mir in der Dusche einen runterhole. Tariks Arsch … wow!

Tobi und Jakob kommen auch nicht zum Abendessen und Slobo scheint heute wieder bis nach Mitternacht arbeiten zu müssen, ich haue mich bald in die Falle, rechtschaffen müde.

»Morgen, Tarik! Was steht heute an?« Ich versuche, mich möglichst unbefangen zu geben.

»Morgen!« Er sortiert ein paar Zettel. »Terrasse können wir erst machen, wenn die Leute vom Frühstück weg sind. Heckenschneiden auch erst danach, wegen dem Lärm. Fangen wir mit dem Gießen an, solange es noch kühl ist.«

Wir wässern Blumenbeete, jäten Unkraut, fegen Wege, Herr Lehner bringt mir eine Kappe, nach dem Frühstück legt Tarik mit einer Heckenschere los, ich reche zusammen, was er da abschneidet, bringe das Zeug in großen Kübeln mit einem Wägelchen zu dem Komposthaufen, an dem wir gestern waren. Es ist wieder heiß geworden, wir schwitzen, trinken viel, und als ich mich zum dritten Mal auf den Weg zum Kompost mache, kommt Tarik mit. »Ich muss mal«, sagt er.

Wir leeren die Kübel mit dem Grünzeug aus. »Musst du auch?«, fragt er. »Komm, wer weiter kann!« Ich glaub, mich trifft der Schlag.

»Tarik, ich kann nicht.« Weil mein Schwanz sofort hart geworden ist, als er gesagt hat *Ich muss mal*.

Er sieht an mir runter, sieht, was sich da in meiner dünnen Hose tut. »Verstehe«, nickt er. Und dann stellt er sich wie gestern breitbeinig vor den Kompost, fummelt an sich rum, und dreht den Kopf zu mir: »Willst du sehen?«

Er ist eitel, soviel ist mir gestern schon klar geworden. Er möchte bewundert werden, für seinen Body und seinen Schwanz. Und wenn es von einem Schwulen ist.

Warum zögere ich? Er will es doch.

»Komm her!« fordert er mich auf. »Schau! Ist bestimmt größer als deiner!« Er zieht mich am Arm zu sich und ich sehe, heute hat er auch den Sack rausgeholt, seine ganze Männlichkeit stellt er zur Schau, in der Tat beeindruckend, muss ich zugeben, und mein »Ganz schön groß« geht ihm runter wie Öl.

»Kannst ihn halten!« Er führt meine Hand zu seinem Schwanz, und kaum berühren meine Finger seine Nudel, legt er los. Er brunzt wie ein Pferd, aus seinem Hengstschwanz schießt die dampfende Pisse auf den Kompost, ich fühle den Durchlauf in seinem Rohr, ziele mit seinem Ding in der Hand auf das Grünzeug vor uns, müsste auch selbst schiffen, doch daran ist nicht zu denken, viel zu hart, mein kleiner Freund.

Tarik hat seine Hand um meine gelegt, hält sie fest, auch als da nichts mehr fließt. »Willst du sehen, wie groß er wird? Zeig deinen, zum Vergleich. Will gewinnen.«

Er lässt mich los, und meinetwegen soll er sich freuen, wenn er gewinnt. Ich hole meinen Harten aus seinem Stall, nach einem Blick kommentiert Tarik »Wirst verlieren!«, und bearbeitet sich selbst. Er wächst, an Slobo kommt er zwar nicht heran, aber etwas mehr als ich hat er da stehen, muss ich anerkennen. »Du hast den Größeren, Tarik.«

»Hab ich gewusst! Und jetzt, wer weiter kann, komm!«

Er gibt sich die Faust, auch ich lege los, bin viel schneller, bin aber auch viel geiler als er, bald schießt meine Soße raus, mehr als einen halben Meter weit, das schafft er nie!

Er müht sich, hat mit einer Hand seinen Sack gepackt, mit der anderen wichst wie ein Blöder, er spendet sogar eine ganz ordentliche Portion Samen, doch bei ihm quillt das Zeug eher heraus, er spritzt nicht wirklich.

»Unentschieden!« stelle ich befriedigt fest. »Du größer, ich weiter.«

Wie gestern sprechen wir nicht mehr an, was da beim Kompost passiert ist, bis wir uns in der Umkleide für das Wochenende verabschieden.

7. Der Busfahrer

Jakob hat zwei Wochen Urlaub und ist irgendwo in den Süden gefahren. Tobi hatte mittags schon Schluss und nutzt das lange Wochenende bis Montag für einen Trip nach Hause. Slobo ist in der Küche, und ich mache mich auf, eine Unterhose für ihn besorgen.

Bei Lidl werde ich fündig. Nichts Besonderes, aber ganz okay. Ein Doppelpack in Größe 7. Ich hänge sie an Slobos Zimmertür.

Im Keller ist überhaupt niemand und so spiele ich für mich allein Darts.

Als ich so gegen halb zehn zum Essen gehen will, parkt ein Reisebus vor dem Eingang. An die dreißig ältere Leute stehen rum, der Busfahrer und ein Hotelportier laden Koffer aus, italienische Satzfetzen wehen zu mir herüber. An der Rezeption radebrecht einer der Italiener mehr schlecht als recht auf Englisch mit einem Kollegen, der offensichtlich kaum was versteht.

»Scusi, signore, un momento, per favore«, unterbreche ich und zeige dem Portier, laut Namensschild Simon

Wirth, meine Codekarte. »Ich kann Italienisch. Kann ich helfen?«

»Hoffentlich! Kannst du den erstmal beruhigen? Ich verstehe kein Wort.« Simon holt Luft. »Wir erwarten eine italienische Gruppe, die aber schon vor Stunden hier sein sollte. Wir haben vergeblich versucht, bei dem Reisebüro jemand zu erreichen. Sie müssten einen Reiseleiter haben, der Deutsch kann. Den soll er holen.«

Ich erkläre das dem Italiener, darauf blubbert er los wie ein Wasserfall. Ich habe Mühe zu folgen, kapiere aber, worum es geht, und übersetze: »Also, wegen irgendwas Medizinischem musste der Reiseleiter in Bozen ins Krankhaus, deshalb sind sie so spät dran. Ihr Reisebüro schickt einen Vertreter, der kommt aber erst morgen. Sie möchten jetzt in ihre Zimmer und noch was zu essen.«

Inzwischen stehen die Italiener und ihr Gepäck im Empfangsbereich herum und Simon schickt David, den Portier, der mit dem Gepäck zugange war, in die Küche um zu fragen, ob sie für dreißig Leute noch was machen können. Mir drückt er eine Liste mit Zimmernummern und Namen sowie die zugehörigen Schlüsselkarten in die Hand. »Verteilst du das bitte?«

»Signore e Signori, buena sera e bienvenuti«, hebe ich an, es wird ruhig, und ich gebe Karten aus. David kommt zurück und nickt, ich erkläre nach Rücksprache mit ihm, dass es in einer halben Stunde Essen gibt und schicke die Leute auf ihre Zimmer. Zum Glück haben alle Rollkoffer und nehmen ihr Zeug selbst mit.

»Slobo hat gefragt, ob wir spinnen«, berichtet David. »Sie machen was, aber nicht À la carte. Was es gibt, gibt es.«

Simon bedankt sich bei ihm und wendet sich dann an mich. »Dir auch, danke. Felix war das, ja? Du bist einer von den neuen Azubis, oder?«

»Ja, heute ist mein dritter Tag. Kann ich noch was tun?«

»Warte bitte. Wir brauchen den Restaurantchef.« Er telefoniert, schildert die Situation, verdreht die Augen. »Verstehe. Danke.«

»In einem Nebenraum ist für die Gruppe gedeckt. Er kann aber nur Zoltan als Ober abstellen, im Restaurant wäre die Hölle los. David, kannst du bitte hierbleiben? Ihr müsst danach nicht aufräumen und auch nicht kassieren, die haben Halbpension, nur die Getränke auf die Zimmer schreiben.«

»Na prima«, mault David, »es gibt nicht mal Trinkgeld!«

»Soll ich helfen? Ich kann servieren. Hab nur noch keine Kellnerklamotten.«

»Du kannst …« Simon überlegt. »Bist du schon achtzehn? Wegen Nachtarbeit.«

»Ich bin neunzehn.«

»Dann … wenn es dir nichts ausmacht … in meinem Spind ist ein frisches Hemd. Die Hose und die Weste hab ich schon angehabt. Wie gesagt, wenn es dir nichts ausmacht.«

»Gib mir die Karte für deinen Spind!«

Die Hose ist zu weit, das muss der Gürtel halten, aber

die Länge geht so, und dass meine Sneaker nicht dazu passen, kann ich jetzt auch nicht ändern.

Zwei Stunden später sind die Italiener wieder auf ihren Zimmern. Irgendwie haben wir es hingekriegt. Zwischendurch hat ein paar Mal ein älterer Typ reingeschaut, laut Zoltan Herr Huber, der Restaurantchef, der sich wohl vergewissern wollte, dass wir zurechtkommen. Gegessen habe ich selbst auf die Schnelle in der Küche was, ich bin auch gar nicht müde, eher aufgekratzt, überdreht, könnte gut einen Absacker vertragen.

David und Zoltan sind weg, ich hocke noch da inmitten des Chaos, als der Busfahrer zurückkommt. »Ciao, ragazzo!«, nickt er mir zu, ich winke lässig zurück, irgendwie ist er ja ein entfernter Kollege. Er holt seine Jacke, die er vergessen hatte, fragt dann, woher ich Italienisch kann.

»Mi madre è italiana.«

Es stellt sich heraus, dass der Fahrer sogar aus derselben Provinz kommt wie meine Mutter, einer Gegend, die ich von diversen Urlauben auch kenne, worauf er mich zu einer selbstgebrannten Grappa in seinem Bus einlädt.

Ich habe Simons Klamotten wieder gegen meine getauscht und der Fahrer erwartet mich schon mit zwei Gläsern vor seinem Bus. »Ciao! Sono Roberto!«

Roberto wird um die vierzig sein, nicht sehr groß, dunkelhaarig, Schnauzer, kräftig, ein wenig Bauch. Und ziemlich redselig.

Nach den Grappe setzen wir uns in den Bus, in eine

Sitzreihe auf beiden Seiten des Gangs. Weil ich einen weiteren Schnaps ablehne, bringt Roberto Cantucci und Vin Santo, der wäre nicht so stark, und dazu lasse ich mich überreden.

Irgendwann will er mir Fotos auf seinem Handy zeigen, dazu rücke ich ans Fenster und er neben mich. Er zeigt mir seine Casa, seinen Giardino, doch statt einer Amica oder ein paar Bambini, die ich als nächstes erwarte, rückt er immer näher. Erst stößt sein Schuh gegen meinen, und weil ich nicht wegzucke als nächstes seine Wade, der Oberschenkel, er legt mir eine Hand um die Schulter, und da ich ihn noch immer nicht abwehre, steckt er das Telefon weg und legt meine Hand in seinen Schritt. »Aahh … ragazzo!«

»Roberto, la luce …« Wir sitzen im hell erleuchteten Bus, und auch wenn um diese Zeit kaum jemand hier sein dürfte … muss nicht sein.

»Certo, un momento!« Kurz ist er weg, es wird dunkel, da ist seine Rechte schon auf meinem Schoß und meine auf dem Seinen, natürlich haben wir beide eine Erektion und befingern da jeweils eine feste Stange, hart wie die Cantucci.

»Ragazzo!« Er greift sich meinen Kopf, dreht ihn zu sich, kommt näher, ein kurzes Zögern ehe unsere Lippen sich treffen, dann presst er mich an sich, seine Zunge öffnet meinen Mund, bohrt sich zwischen meinen Zähnen hindurch, und ich nehme die Hand bei ihm weg, muss mich und ihn bremsen.

»Roberto, piano, prego!«

»No … no! … Ragazzo!« Er öffnet seinen Gürtel, seine Hose, schiebt die Sachen zu den Knien, sein Schoß ist verdeckt, nur sein Mast ragt zwischen den Hemdschößen empor. Ich mache mit, befreie mich von Hose und Slip, er greift unter mein T-Shirt, testet kurz die Härte meines Kolbens, »Que bello!«, und dann beugt er mich runter, meinen Kopf zu seinem Schritt, »Succhia il mio cazzo!« raunt er, und ich lecke, lutsche, sauge seinen Cazzo, nach Schweiß und saugeil schmeckt das Ding, er wird den ganzen Tag hinter dem Lenkrad gesessen sein und da unten entsprechend geschwitzt haben.

Wohlig grunzend streicht er mir durchs Haar und genießt die Zungenmassage, die ich ihm angedeihen lasse. Es ist eng und unbequem hier auf diesen zwei Sitzen, meine eigene Latte klemmt zwischen Bauch und Oberschenkel, ich käme gar nicht dran, das ist auch nicht nötig, ich öle eh schon, lang halte ich es nicht mehr aus.

Nun fasst er nach seinem Riemen, am Schaft fliegen seine Finger auf und ab, nur noch seine Nille steckt zwischen meinen Lippen, und jetzt spüre ich mit der Zungenspitze, wie sich sein Pissschlitz auftut, er kommt, er spritzt, »Sì … sì … sì …« schnaubt er, presst meinen Kopf fest an sich, sein Schamhaar kratzt an meinem Kinn, seine Soße füllt meinen Rachen, er ist mächtig geil, so viel wie er ablädt!

Endlich ist er fertig, es kommt nichts mehr, ich mache mich los, will es mir selbst besorgen, doch ich brauche irgendwas, um hier nicht im Bus herumzuspritzen. Im Dämmerlicht der Parkplatzbeleuchtung erkenne ich im

Netz am Vordersitz eine Kotztüte, die muss jetzt herhalten, und um vor lauter Geilheit nicht laut loszubrüllen lade ich mit zusammengebissenen Zähnen in dieses beschichtete Papierdingens ab, lehne, völlig erschöpft, meinen Kopf an Robertos Schulter.

»Bene?« flüstert er.

»Molto bene!«

»Un caffè?« schlägt er nach einer Weile vor. Ich nehme an und staune über die Ausstattung des Busses. Eine De Longhi-Kaffeemaschine ist hier eingebaut, dazu hat er Bohnen von Illy, es gibt also richtig guten Espresso, nicht irgendeine braune Plörre, die man wohl keinem Italiener anbieten könnte.

»Zucchero?«

»Sì, prego …« Ich erzähle von unserem eigenen Hotel und dass auch meine Mutter immer größten Wert auf anständigen Kaffee legt.

»Es importante«, stimmt er zu. »Caffè tedesco … ah no!«

Er will wissen, wieso ich hier und nicht in unserem Hotel arbeite, und ich erkläre meine Gründe. » … nessuni uomini come noi nel nostro villaggio.«

»Capisco«, sagt er, und, nach einer Pause, »Ancora una volta?«

»Perché no?«

Roberto löscht die Beleuchtung wieder und diesmal gehen wir nach ganz hinten, wo es fünf Sitze in einer Reihe gibt und mehr Platz ist.

Wie vorhin beginnen wir mit Küssen und Fummeln, aber nun bleibt es nicht dabei. Bald sind bis auf die Socken alle Klamotten weg und wir liegen fast nackt mehr auf- als nebeneinander, soweit es eben möglich ist. Ich lecke an Robertos Zauberstab und seinen Klunkern, er lutscht meinen Schwanz, meinen Sack, seine Zunge ist rau, das war mir vorhin schon aufgefallen, fast wie feines Sandpapier. Er liegt auf dem Rücken, ich blase ihn, habe ein Knie neben seinem Kopf auf der Sitzbank, mein anderes Bein ist auf dem Boden, mir ist klar, er hat meine offene Kimme direkt vor Augen.

Zunächst streicht er nur über meinen Hintern, dann langt er fest zu, knetet meine Backen, »Bello … il tuo culo …«, er tastet sich durch meine Ritze, spielt mit meiner Grotte, ein nasser Finger drängt hinein, vorsichtig erst, dann forscher, bis es nicht mehr weitergeht.

Ich lasse mich gehen, stöhne wollüstig auf, hoffe, er belässt es nicht bei einem Finger da hinten drin.

Er tut mir den Gefallen, macht weiter, einen zweiten Finger nimmt er dazu, dreht und schraubt ihn in meine Eingeweide, ich werde lauter, sein Bolzen in meinem Mund wird noch härter, endlich quetscht er ein »Più? Ragazzo … più?« hervor.

»Sì … sì … più … tuo cazzo, Roberto!«

Roberto kniet so breitbeinig wie möglich auf der Rückbank, sitzt auf seinen Fersen, ich liege auf dem Rücken vor ihm, meine Beine unter seinen Armen, er spuckt auf seinen Steifen, schmiert ihn ein, spuckt sich in die Hand, befingert noch mal mein Loch, dann fasst er unter meine Arschbacken, zieht mich zu sich, ich spüre die Spitze seines Schwanzes an meinem Sack, noch etwas näher zu sich zerrt er mich, biegt seinen Kolben nach unten, die Nille ist nun direkt an meiner Grotte, noch mal sieht er mir in die Augen, in mein »Sì, sì, sì …« hinein richtet er sich etwas auf, seine Eichel dringt in mich ein, jetzt packt er meine Hüften, rückt selbst ein wenig nach vorne, und sein Rohr bohrt sich in mich hinein, bis sich seine Lenden an meinen Hintern pressen. Ich habe die Beine hinter seinem Rücken verschränkt, und versuche, noch näher an ihn heranzurobben, seinen geilen Schwanz noch tiefer in mir zu spüren.

Seine Pranken halten meinen Po etwas in die Höhe, und so pudert er mich nun, von unten bockt er, und meine Möse genießt jeden einzelnen Stoß. »Sì, Roberto, sì … scopami! Aaah!«

»Bene, Ragazzo? Bene? Dimmi!«

»Molto bene! Moltissimo! Sì … sì … sì!«

Er ist ausdauernd, klar, hat mir ja gerade erst seine Sahne oben eingetrichtert, natürlich kann er da jetzt lang, auch wenn es für ihn ein neues Loch und für mich ein neuer Schwanz ist.

Er löst meine Beine hinter sich, schlägt sie sich über die Schultern, mein Arsch hängt in der Luft, so kann er besser zustoßen und mit langen Zügen bürstet er mich, seine Kanone reicht so noch weiter in mich rein, rein in meine weit aufgerissene Kiste!

»Roberto, vieni!«, bettle ich ihn an, »vieni! Non ce la faccio più!«

Nochmal steigert er die Intensität des Ficks, noch härter haut er seinen Hammer in mich rein, keine langen Züge mehr, schnell ist er jetzt, ganz schnell, nur noch sein Pfeifenkopf rein und wieder raus, und dann, mit einem letzten heftigen Stoß kommt er, befüllt meinen Arschkanal, und kaum habe ich meinen Steifen nur angefasst, ist es so weit, und trotz wenig Sacksaft geht mir ordentlich einer ab!

»Domani sera, alle dieci?« fragt er nach einem weiteren Caffè.

»Dieci e mezza!«

Ich will vorher was essen. Mit leerem Magen halte ich eine solche Nummer nicht aus.

8. Una notte italiana

Es ist fast zwei, als ich in mein Zimmer zurückkomme. Die Unterhosen an Slobos Tür sind weg, dafür hat er das rote Schild hingehängt. Das mache ich auch, und nach der vielen Arbeit und den Nummern mit Roberto bin ich todmüde und schlafe durch bis kurz vor neun.

Slobo hockt mit einem Kaffee und einer Zeitung in der Küche und blickt nur kurz auf, als ich hereinkomme. »Gestern spät geworden, was?«, meint er. »Dachte schon, du stehst gar nicht mehr auf.«

»Ja, ich hab mich mit wem getroffen …«

»Hör mal, ich bin hier Koch, nicht euer Kindermädchen. Solang ihr leise seid, ist mir egal, wann ihr heimkommt. Aber was war eigentlich los? Wieso hast du bedient?«

Wir hatten gestern Abend kaum Gelegenheit, mehr als ein paar Worte zu wechseln, und so schildere ich Slobo nun die ganze Geschichte.

»Du hast es zwar gut gemeint, aber es war nicht in Ordnung.«

»Wieso? Ich bin über achtzehn!«

»Trotzdem. Nach einem Arbeitstag musst du mindestens elf Stunden Ruhezeit haben.« Er steht unvermittelt auf, und nun sehe ich, dass er außer einem T-Shirt nur eine der beiden Lidl-Unterhosen trägt. Ziemlich ausgebeult. »Zufrieden? Kriegst du heute Abend.«

»Ääh … heute Abend wird's vielleicht wieder spät. Wenn du sie gleich bis morgen früh anlässt …«

»Ferkel! Aber wenn du dich abends drückst, könntest du jetzt … ich hab Druck drauf … komm her!«

Seine Nille spitzt schon vielversprechend unter dem Bund des Slips hervor, und im Nu knie ich vor ihm, zerre ihm das Ding runter, reiße den Mund soweit auf wie möglich, halte den Atem an und versuche, seine Kanone zu schlucken. Zugleich klemme ich mir die Schlafanzughose unter meine Eier und rubble bei mir selbst.

Slobo merkt zum Glück, als es in meinem Schlund einfach nicht mehr weiter geht, da gibt er sich die Faust, fasziniert starre ich auf diesen enormen Fleischspieß, wichse wie blöd, als Slobo brüllt »Maul auf!«, mir seine Eichel wieder reinschiebt und gleich danach seine Eiersahne als erstes Frühstück verpasst, versaue ich den Küchenboden.

»Du musst ja heute sowieso noch putzen«, stellt er fest.

Nach dem Frühstück ist der Bus der Italiener weg, Roberto wird seine Leutchen zu *Castelli bavaresi* kutschieren, und ich mache mich an die Hausarbeit. Ich schmeiße eine Trommel dunkler Wäsche an, putze Flur, Küche, Bad und Klo. Es ist alles einigermaßen sauber, sie machen das wohl wirklich regelmäßig.

Nachdem endlich auch der Trockner fertig ist, stelle ich die ganze Wäsche in einem Korb bei uns ins Bad und nehme meine paar Sachen raus, das ist noch nicht viel. Die anderen müssen sich ihr Zeug selbst suchen, ich habe schließlich keine Ahnung, was wem gehört.

Vor dem Haupteingang wartet Dominik, der hat ein Zimmer im Stock unter uns und er war neulich im Keller, als Jakob mich vorgestellt hat. Er muss offensichtlich Page spielen, und dazu haben sie ihn in eine Operetten-Uniform gesteckt. Zur schwarzen Hose eine hotelgrüne, enge Jacke mit vielen goldenen Litzen und Knöpfen, dazu ein passendes Käppi. Besonders glücklich sieht er nicht aus in diesem Aufzug.

Er winkt mich zu sich und bittet um eine Cola aus dem Keller, trinkt das Ding dann in einem Zug aus, erklärt, er müsse bis um acht abends hier auf Posten bleiben. »Wegen einer großen Hochzeit im Haus soll ich hier Spalier stehen. Ich komme mir vor wie ein Clown.«

»Zirkusdirektor, würde ich sagen.«

Bei dem Essen um halb drei, das alle als »Mittag« bezeichnen, setzt sich David zu mir. »Meine Frau war nicht begeistert, weil es gestern so spät geworden ist«, beklagt er sich. »Ich hätte um zehn Schluss gehabt. Manchmal ist es echt ein Scheißjob!«

»Musst du das in so einem Fall machen oder wie ist das?«

»Müssen nicht. Von jetzt auf gleich können sie dich nicht zu Überstunden verpflichten, wenn nicht gerade wirklich der ganze Laden zusammenbricht. Aber natürlich wird registriert, ob du in so einem Fall kooperativ bist oder nicht.«

»Darf ich mich zu Ihnen setzen?« Die Stimme des Chefs von hinten. Eine rhetorische Frage, er sitzt schon, und vermutlich hat er den letzten Teil unseres Gesprächs mitbekommen.

»Simon und Herr Huber haben mir Nachrichten hinterlassen, wegen der Sache mit der italienischen Gruppe gestern Abend. Danke, dass Sie beide so kurzfristig eingesprungen sind. Leider ist der Ersatz-Reiseleiter immer noch nicht eingetroffen, deshalb wollte ich mit Ihnen, Felix, noch sprechen. Nur wenn Sie Zeit haben, ich weiß, Sie haben heute frei.«

Natürlich habe ich Zeit und natürlich versteht David die Anspielung und verzieht sich.

In seinem Büro bedankt Herr Träger sich noch mal, fügt aber an: »Trotzdem, machen Sie so etwas bitte nicht. Gemäß Arbeitszeitgesetz …« Er erzählt dasselbe wie Slobo.

»Tut mir leid, wusste ich nicht, ich dachte ich bin über achtzehn und …«

»Ich mache Ihnen keinen Vorwurf. Sie und Simon haben versucht, bestmöglich mit dieser verfahrenen Situation umzugehen. Heute Abend wäre es kein Problem, nur nach einem Arbeitstag geht es nicht.«

»Verstehe. Wird nicht mehr vorkommen.«

»Wie gesagt, heute wäre es kein Problem«, fährt er fort. Und fragt, ob ich heute wieder kellnern könne. Weil sonst keiner Italienisch kann. So ab sechs wird Zoltan die Tische eindecken. Selbstverständlich nur, wenn ich könne, ich müsse nicht, keinesfalls.

Natürlich bin ich kooperativ, und hoffe, es wird registriert. »Ich bräuchte nur … gestern hatte ich eine Hose und ein Hemd von Simon …«

In einer Kleiderkammer im Keller bekomme ich weiße Hemden, kurz- und langärmlig, eine grüne Seidenweste, grüne Krawatte, »heute bitte anlegen«, »die Hose sollten Sie probieren«, und er wendet sich zwar ab, als ich aus meiner Jeans schlüpfe und schwarze Hosen anprobiere, begutachtet dann aber, wie sie sitzen. Die Situation ist etwas merkwürdig.

Ich poliere meine schwarzen Schuhe noch auf Hochglanz, finde mich so mit allem drum und dran durchaus ganz attraktiv als Kellner. Das Bild, das Zoltan von mir macht, schicke ich gleich an meine Eltern und Niko, dann decken wir zusammen die Tische für 32 Italiener. Herr Huber bringt Speisekarten, die Gäste werden heute aus je zwei Vor- und Nachspeisen und drei Hauptgerichten wählen können.

»Soll ich das übersetzen? *Zanderfilet* und *Kalbsbraten* werden einem Italiener nichts sagen.«

Leicht säuerlich bemerkt Herr Huber »Wenn Sie das können, machen Sie. Die an der Rezeption sollen es ausdrucken.« Zoltan grinst, als wir wieder zu zweit sind. »Du kannst was, das er nicht kann. Das passt ihm nicht.«

Ab sieben trudeln die Italiener ein. Ich erkundige mich, wie ihr Tag war, und es ist kaum zu glauben, was man aus dem Wort *Neuschwanstein* alles machen kann.

Roberto ist von seiner Gruppe in Beschlag genommen, ich hätte sowieso auch keine Zeit für ihn, aber zwischendurch fängt er mich mal auf dem Weg zur Küche ab. »Oggi nella mia camera, ragazzo? Centoventidue.«

»Vengo!«

Glücklicherweise scheinen alle erschöpft von ihrem Tagesprogramm und gegen zehn brechen bereits die letzten auf. Mit David ziehe ich mich unten um, er wird einigermaßen pünktlich heimkommen. Ich esse selbst noch was und mache mich durch ein abgelegenes Treppenhaus auf zu Zimmer 122.

Roberto erwartet mich, er hat nur das Leselicht am Bett brennen, trotzdem ist es heller als in dem Bus gestern, und ich sehe, er trägt richtig schicke Wäsche. Pants und ein T-Shirt von Intimissimi, dürfte mehr gekostet haben als die Lidl-Dinger.

»Una grappa, ragazzo?«

»Sì, ma solo una!«

Nach den Grappe drängt er mich zum Bett, öffnet meine Hose, knetet meinen Schwanz, erst noch mit der Unterhose dazwischen, dann zerrt er alles runter, seine Finger spielen ohne störenden Stoff dazwischen mit meinem Harten, und ich schiebe meine Hand in seine Pants, massiere seinen Schaft und seine Eier. Obwohl es hier nur ein Einzelbett gibt, ist es deutlich bequemer und auch wärmer als gestern in dem Bus, und die Klamotten kommen bald ganz weg.

Roberto saugt an meiner Nille, ich widme mich seinem Rohr, mit festem Griff schiebe ich die Vorhaut über seine Eichel und wieder zurück, das gefällt ihm, er wird laut, gut, dass es auch zwischen Zimmer und Garderobe eine Tür gibt, sonst könnte man ihn auf dem Hotelflur bestimmt hören. Muss Patrick mal fragen, wie hellhörig es hier ist.

Vorsichtshalber stecke ich Roberto meinen Pint weit in den Schlund, das dämpft ihn etwas, und wir lutschen beide unsere geil erregten Lollis. Ich muss bereits aufpassen, schließlich ist es schon über zwölf Stunden her, dass ich in der Küche mit Slobo … zwölf Stunden! Kein Wunder, dass ich spitz wie Lumpi bin!

Roberto hat einen Vorschlag: »Andiamo nella doccia?«

»Bene, andiamo!«

Das Bad ist wirklich schick, muss man sagen, mit einer bodengleichen Dusche hinter einer Glaswand, da lassen wir uns nun berieseln, angenehm, das warme Wasser. Robertos Zunge steckt in meinem Mund, unsere harten Cazzi zwischen uns, meine Hände an seinem Hintern, er hat den meinen gepackt und presst mich an sich. Nun nimmt er etwas Duschgel in die Hand, glitschige Finger streichen über meinen Hintereingang, einer arbeitet sich darin vor, ich mache auf, lasse ihn rein, ganz rein, warte auf mehr!

»Voglio il tuo cazzo, conduttore!«

»Voglio il tuo culo, ragazzo!« Er dreht mich zur Wand, mit beiden Händen stütze ich mich ab, recke ihm meinen Arsch entgegen, bin so geil auf seinen Schwanz, brauche jetzt unbedingt einen ordentlichen Fick!

Er bohrt zunächst noch einmal vor, mit zwei Fingern diesmal, »Più!« stöhne ich, »più! Tuo cazzo!«

Endlich nimmt er mich! Er ist kleiner als ich, aber so wie ich dastehe, breitbeinig und mit durchgedrücktem Kreuz, ist mein Loch genau auf der richtigen Höhe für seine Männlichkeit. Es brennt etwas, als er eindringt, er muss sich mit Shampoo oder Duschgel eingeschmiert haben, doch dieses unangenehme Gefühl ist gleich weg, als er erst richtig in mir steckt. Seine Hände packen mein Becken, er stößt zu, hart, fest, als ob er meine Grotte sprengen möchte, dabei ist das gar nicht nötig. Ich bin so heiß und gierig, hinten was reinzukriegen, mache meine Schote locker, mein Riemen ist steinhart und klatscht durch sein Bocken immer wieder gegen meinen Bauch. »Bene, ragazzo? Bene?«, presst er hervor, und »Più! Più!«, wimmere ich.

Er haut ein paar Mal ordentlich auf meine nassen Arschbacken und ich halte es nicht mehr aus, ich kann nicht mehr. »Roberto, vengo!«, schreie ich, da geht es los, mein Schwanz lädt ab, wegen Robertos wilden Bockstößen landet meine Soße überall in dieser Dusche, am

Boden, an den Wänden, sogar mein Kinn kriegt was ab, als ich nach unten schaue.

»Sì … sì … sì!« Noch einige Male rammt Roberto seinen Hammer in mein Gedärm, bis er innehält, sich in mir entleert, mich mit seiner Panna abfüllt.

Mit Vin Santo und Cantucci sind wir in sein Bett gekrochen. Ich bemühe mich, nicht zu bröseln und frage nach seinem Tag. Auch er kann *Neuschwanstein* nicht aussprechen.

»Era pazzo, il Re Ludovico!«

»No. Era speciale. E era gay!«

»Il Re era gay???«

»Sì!« Ja, schwul war er sicher, unser König Ludwig. Und seltsam, aber nicht verrückt. Jedenfalls hätte er nicht wie Bismarck einen Krieg gegen die Franzosen vom Zaun gebrochen, und wer weiß, was uns dann alles erspart geblieben wäre.

Roberto schüttelt ungläubig den Kopf, dann will er eine Zugabe. »Ancora?«

Er dreht den Kopf zu mir, seine Zunge drängt in meinen Mund, sein Zapfen ist schon wieder bereit für einen Einsatz, merke ich an meiner Hüfte, und auch bei mir tut sich was. Wir knutschen, er kriecht unter die Bettdecke, saugt im Dunkeln an meinem Geschlecht, »Bello«, höre ich gedämpft, dann dreht er mich auf den Bauch, spreizt meine Beine, ich erwarte Finger oder gleich seinen Kolben in meiner Lustgrotte, doch da ist sein warmer Atem an meinem Po, seine Zunge streicht durch meine Ritze, leckt über meinen Stern, und er macht das so geil … wie vorhin in der Dusche recke ich ihm meinen Hintern entgegen, ziehe die Knie an, mein Arsch ist aufnahmebereit und er ersetzt seine Zunge durch einen Finger, es flutscht wie geschmiert, sein Sperma von grade eben ist ja auch noch drin!

»Più, ragazzo?«, raunt er, ich stammle »Sì, sì, sì!«, und dann bin ich wieder dran! Die Decke ist zu Boden gerutscht, und Roberto kniet hinter mir und fickt mich durch, er tobt sich aus in meinem Arschkanal, zwischendurch fasst er um mich rum, wichst mein Rohr, er packt meine Hüften, wie Schraubzwingen halten mich seine Pranken, was er vor sich hinbabbelt verstehe ich nicht, aber wie erregt er ist, merke ich sehr wohl!

Er ist ungeheuer geil, geradezu mit Gewalt vögelt er sich keuchend zu seinem Orgasmus, während er schon abspritzt bockt er weiter und weiter, bis auch ich komme und ablade.

Ehe ich eindöse, suche ich mein Zeug zusammen, ziehe mich an, beobachtet von Roberto.

»Il Re era gay!« Er kann es einfach nicht glauben.

»Si, Roberto. E buona notte!«

»Domani?« fragt er. »L'ultima notte!«

»Si, domani! Dieci e mezza …«

9. Kroatisches Frühstück, italienisches Dessert

Es ist nicht ganz so spät wie gestern, aber Mitternacht ist wieder durch, als ich in mein Bett komme. Slobo scheint schon zu pennen.

Er schläft noch, als ich aufstehe, kommt erst ins Bad, als ich mich nach dem Duschen abtrockne, und er trägt noch dasselbe Lidl-Ding wie gestern morgen.

»Spät geworden, was?«, lästere ich. »Dachte schon, du stehst gar nicht mehr auf.«

»Das sagt der Richtige! Ich hab noch gehört, wann du gekommen bist!«

»Doch Kindermädchen, oder wie?«

Er winkt ab, schlüpft aus der Unterhose, und hockt sich aufs Klo. Er sieht mir an, wie irritiert ich bin und bemerkt »Wenn du hier allein sein willst, musst du das rote Schild raushängen. Macht von uns aber keiner. Oder stört dich, wenn ich hier pisse?«

»Na ja, schon ungewohnt.«

»Wie gesagt, rotes Schild.« Er steht auf, spült, kratzt sich am Sack. »Ich dusche jetzt. Von mir aus kannst du hierbleiben. Den anderen beiden gefällt das.«

Er steigt in die Duschtasse, dieses Bad ist nicht so modern wie in Robertos Zimmer, aber die Abtrennung ist zumindest eine Glaswand, kein Vorhang.

Ich putze mir die Zähne, rasiere mich, im Spiegel über dem Waschbecken sehe ich Slobo duschen, er spielt gerade mit seinem Gemächt, widmet sich ausgiebig seinem Pimmel und der Gegend zwischen seinen Beinen und Arschbacken. Wir sehen uns im Spiegel, er grinst, ich habe noch nichts angezogen, meinen nackten Hintern wird er sehen, und wenn ich mich umdrehen würde, auch meinen angegeilten Schwanz. Was er bestimmt kommentieren würde.

Nun wäscht er sich die Haare, wegen des Shampoos hat er die Augen zu, so kann ich mich unbeobachtet davonmachen. Seine Unterhose nehme ich mit.

Das Ding riecht einfach mega, und obwohl er es nur anderthalb Tage getragen hat, sieht man ihm an, was für ein Schwanzpaket darin gesteckt haben muss. Ich werde mich bald mal mit dem Ding verlustieren, aber jetzt brauche ich erst einen Kaffee.

»Du hast ja ganz ordentlich geputzt und gewaschen«, stellt er fest, als er in die Küche kommt. »Hab mir mein Zeug schon genommen. Zufrieden mit der Unterhose?«, fügt er übergangslos an, »Ich habe gestern damit trainiert.«

»Was trainiert?«

»Fußball. Wir haben heute ein Spiel. Kannst zuschauen, wenn du willst. Bei dem Spiel, nicht in der Dusche! Und was hast du gestern trainiert? So wie du dich heute bewegst, hast du Muskelkater. Im Arsch!«

Er hat recht. Der Hintern tut mir weh. So wie mich Roberto gerammelt hat, auch kein Wunder. Das muss Slobo aber nicht wissen. »Ich habe gestern Abend wieder gearbeitet, diese italienische Gruppe bedient.«

Er runzelt die Stirn. »Wieso arbeitest du in deiner ersten Woche schon am Samstag?«

»Weil ich italienisch kann. Der Chef hat gefragt, ob ich aushelfe.«

»Hm. Deine Sache. Aber vom Servieren hast du keinen Muskelkater. Und von den italienischen Nonnos auch nicht. Also?«

»Die Mehrzahl von Opa heißt Nonni. Mit *I* am Schluss.«

»Meinetwegen. Aber an denen liegt's wohl nicht, dass du dich so komisch bewegst! Wer hat's dir besorgt?«

»Bist du jetzt neugierig oder Kindermädchen?«

»Weder noch. Interessiert! Schließlich stellst du dich an, wenn ich mal will!«

»Das liegt an der Größe von deinem Schwengel!«

»Ach! Von irgendwelchen kleinschwänzigen Typen lässt du dich pudern?«

Jetzt muss ich doch Roberto verteidigen: »Von klein kann keine Rede sein! Im Gegenteil! Nur nicht ganz so gigantisch wie deiner!«

»Ha! Und wer ist jetzt dein Lover mit dem nicht ganz so gigantischen Pimmel?«

»Sei nicht so neugierig! Er ist sowieso morgen wieder weg.«

»Na schön, wenn du nicht willst… aber du hast noch nicht gesagt, ob du mit der Unterhose zufrieden bist.«

»Sehr! Danke! Riecht nach dir!«

»Du könntest dich ruhig erkenntlich zeigen!« Die Hand an seinem Hosenlatz deutet nicht nur an, wie er das meint.

»Aber so wie gestern! Nicht hinten!«

»Meinetwegen. Hinten ein andermal. Hier!« Er hält mir ein Küchentuch hin. »Damit du nicht den frisch gewischten Boden versaust!«

Wir packen beide aus, ich gehe in die Knie, seine Gurke baumelt vor meiner Nase, ich schnappe zu; nicht ausgefahren schaffe ich zumindest den größten Teil. Slobo packt meinen Kopf, presst mich an sich, mein Gesicht gegen seinen Bauch, und seine Schlange steckt nun ganz in meinem Rachen. Noch schlapp und weich, aber immerhin! Seine Haare kratzen an meinen Lippen, ich atme bewusst durch die Nase, sonst ginge das nicht.

Das Ding wächst und wächst, immer größer wird es, doch Slobo lässt mich nicht los, wie in einem Schraubstock steckt mein Schädel zwischen seinen Pranken, keine Chance, mich zu befreien.

Er bockt aus der Hüfte, sein Riese muss längst in meiner Speiseröhre angekommen sein, ich hechle, um überhaupt noch irgendwie Luft zu kriegen. Er lässt etwas Platz zwischen uns, doch nur, um mit mehr Schwung zustoßen zu können, er fickt sich in meinem Maul aus, keine Handarbeit heute, bis zu seinem Orgasmus stopft er mich, lässt japsend seine Sahne in meinem Gaumen ab.

Seine Finger lockern den Griff, seine Latte flutscht aus meinem Mund, erschöpft lehne ich die Stirn an ihn, stütze mich am Boden ab.

»Willst du gar nicht?« Er kommt wieder zu Atem.

»Hab schon.« Ich weiß nicht wie und wieso, aber als er so ganz weit in mir drin war, ist es plötzlich passiert. Einfach so. Und solange er mich benutzt hat, ist mein Rohr hart geblieben, und immer wieder und immer wieder ist noch was gekommen.

»Oha!«, stutzt er. »Dann fandest du es wohl sehr geil! Gut zu wissen!«

Es stimmt. Auf eine gewisse Art war es geil. Sehr geil. Das sage ich aber nicht. Stattdessen: »Solltest du dich eigentlich nicht vor einem Fußballspiel zurückhalten?«

»Muss der Trainer ja nicht wissen.«

»Und was sagen deine Mitspieler in der Dusche zu deinem Gerät?«

»Sind alle neidisch!«

Am Nachmittag sehe ich mir das Fußballspiel an, Slobos FC Croatia gegen den Verein eines Nachbarortes. Ein eher lahmes Spiel, keine Tore, wenig Zuschauer, die aber ständig dazwischenbrüllen, wenn ihnen irgendwas nicht passt. Es gibt zwar in beiden Teams einige durchaus attraktive Kerle, aber trotzdem … Fußball ist nicht meins.

An der Rezeption erfahre ich von David, dass der neue Reiseleiter eingetroffen und heute schon mit im Bus unterwegs ist, ich kann mich also auf einen freien Abend einstellen.

Im Keller sitzt Dominik allein bei einem Cola, natürlich hocke ich mich zu ihm. Am Wochenende sei hier meist tote Hose, erklärt er. »Die Leute fahren entweder heim oder ziehen mit irgendwem um die Häuser.« Er ist hier, weil er gestern gearbeitet hat und heute auch wieder Türsteher spielen darf.

Wir vertreiben uns die Zeit am Kicker, bis er los muss.

Da niemand auftaucht, höre ich dann oben bei mir Musik. Langweilig, so allein, aber damit musste ich wohl rechnen, am Anfang, in einer neuen Umgebung. Im Grunde ist es eh viel besser als ich erwarten konnte, mit den Dreien hier in diesem Stockwerk, und Patrick, und was hier noch so gelaufen ist. Zuhause hätte ich diese Woche, nach Nikos Abreise, sicher nur mit mir selbst Sex gehabt, und hier verliere ich allmählich den Überblick. Und das ist viel, viel besser als erhofft!

Und Roberto … wäre er jetzt nicht der Busfahrer, sondern ein »normaler« Gast, der mich angesprochen hätte … was hätte ich gemacht? Wäre es mit dem Wissen, statt vorher Grappa hinterher vielleicht Kohle für Sex zu kriegen, weniger geil gewesen mit ihm?

Nein. Ich hätte definitiv was verpasst, wenn ich es nicht mit ihm getrieben hätte!

Robertos Bus steht wieder auf dem Parkplatz, er wird mit seiner Gruppe bereits Essen sein. Ich muss die Zeit bis um Zehn, wenn es für das Personal was gibt, noch rumbringen. Im Pausenraum studiere ich die Aushänge am

Schwarzen Brett, manchmal kommt jemand rein, holt sich Kaffee, wir wechseln ein paar Worte, um die ständige Vorstellerei zu vermeiden, habe ich mir das Namensschild ans Hemd gesteckt.

Endlich, es gibt was. Einige der Kellner und Köche essen schnell mit, die wechseln sich ab, doch leider kenne ich überhaupt niemand und sie sind sehr in Eile.

Halb elf probiere ich es mal, hoffe, dass Roberto sich schon abgeseilt hat. Die Lobby meide ich, der Nachtportier muss ja nicht sehen, wie ich da in einen Gästetrakt schleiche.

»Ciao ragazzo«, empfängt Roberto mich, in einer Unterhose mit Weiß-Blauen Rauten, König Ludwig im Krönungsmantel vorne drauf. »Roberto, dove hai comprato questa cosa?«

So etwas Ähnliches wie *Herrenchiemsee* kommt zurück. »Il re gay … Ti piace?«

»No!« Gefällt mir definitiv nicht.

»E questo? Ti piace?« Er zieht sich das Ding runter und sein Schwanz springt mir entgegen. Er würde sich völlig zurecht dagegen verwehren, seine Ausstattung als »klein« zu bezeichnen, und das gefällt mir nun wesentlich besser.

Schon fast traditionell beginnen wir mit Grappa, ehe es zur Sache geht. Heute bleiben wir im Bett, kein Abstecher in die Dusche, nackt und erregt knutschen wir, lecken und saugen aneinander und bald hat jeder das Rohr des andern im Mund. Nach einer Weile klassisch 69 arbeitet er sich zwischen meinen Beinen weiter nach hinten, seine Zunge bearbeitet meinen Sack, es geht noch weiter, er dreht sich auf den Rücken, ich behalte seinen Stab im Mund, seine Hände kneten meinen Hintern, er spuckt mir in die Kimme, verreibt das Zeug, bohrt mich vorsichtig mit einem Finger an, »Bello, tuo culo …«, »Bello, tuo cazzo«, stöhne ich mit, ficken soll er mich damit, ja, ficken, aber nicht so wild wie gestern, sonst kann ich morgen überhaupt nicht mehr laufen.

Ich drehe mich um, knie mich über ihn, setzte mich auf seinen Bauch, sein Kolben schubbert in meiner Ritze, er versteht meine Absicht. »Sì ragazzo, sì … Ti scopo!«, und ich stemme mich etwas hoch, mit einem Griff nach hinten dirigiere ich seine Nille an ihr Ziel, und dann lasse ich mich fallen und spieße mich selbst auf so weit es geht. Ich reite auf ihm, will ihm mit meinem Loch die Soße aus den Eiern saugen, ich kneife seine harten Nippel, hämmere auf seine behaarte Brust, und mein Arsch fliegt auf und nieder, auf einem steinharten Pfosten.

Er zieht mich zu sich, winkelt die Beine an, nun fickt er mich, so hart rammeln wie gestern kann er in dieser Stellung nicht, doch dafür steckt auch seine Zunge in meinem Mund, unten und oben gibt er's mir, es ist geil, geil, geil, aber mein Hintern … schon wieder so zugeritten … ich halte es nicht mehr aus … »Roberto, vieni! Vieni!«, flehe ich ihn an, »Subito, subito, ragazzo!«, stammelt er, und dann kommt er und pumpt seine Sahne in mich rein! Ich muss gar nicht wichsen, ich reibe einfach meinen Körper an seinem, mein Schwanz ist zwischen unseren Bäuchen eingeklemmt, das reicht als Reizung, gleich bin ich soweit, gleich … gleich … ja … jetzt kommt es, es wird nass auf ihm, unter mir!

Heute belassen wir es bei einem Fick, zum Abschluss gibt es noch einen Vin Santo, was davon übrig bleibt und die restlichen Cantucci schenkt er mir, wir tauschen unsere Kontaktdaten, und mit einer Umarmung verabschieden wir uns. Er weiß nicht, ob und wann er mal wieder hierher kommt, aber ich solle mich melden, wenn ich mal in Italien sei …

10. Versuchung

Slobo hat diese Woche Frühschicht, und als ich morgens ins Bad komme, steht er splitternackt am Waschbecken und wichst sich einen ab. So ganz habe ich mich noch nicht an die Freizügigkeit in dieser WG gewöhnt. Aber wegschauen kann ich nicht und vom Hinschauen kriege ich einen Ständer.

Slobo tut, als ob es ganz normal wäre, was er hier macht. »Ich hab in der Früh immer eine Morgenlatte stehen und dann muss das Zeug raus, sonst kann ich nicht arbeiten. Willst du's haben, bevor es im Abfluss verschwindet?«

»Slobo, du bist …«

»Hör mal, jetzt ist keine Zeit für Diskussionen. Willst du oder nicht?« Er dreht sich zu mir, seine Rechte hat er um seinen Prügel gelegt, nur seine fette lila glänzende Eichel ragt zwischen den Fingern hervor. Zum Anbeißen appetitlich, und sein Sacksaft in der Kanalisation, das wäre nun wirklich Verschwendung! Schnell reiße ich zwei Blatt Klopapier ab, streife meine Hose runter, und lecke Slobos feuchte Nille. Etwas Vorsaft hat er schon rausgelassen, und nun fliegen seine Wichsgriffel auf und ab, mit der linken Hand fixiert er meinen Kopf, er will wirklich nur schnell Dampf ablassen, Druck abbauen, er kommt schon, und bei der Masse an Soße, die da kommt, muss er ordentlich Druck gehabt haben.

»Aah … gut … gut!«, stöhnt er, während ich mir, mit seinem Schleim zwischen den Zähnen, schnell einen runterhole und in das Klopapier abspritze. Puh!

»Kannst du diese Woche jeden Morgen haben, wenn du willst«, sagt Slobo bei einer schnellen Tasse Kaffee in unserer Küche. »Tobi pennt länger und Jakob ist nicht da. Musst es nur sagen.«

»Ich will!« Natürlich will ich. Was auch sonst? Ich wache seit Jahren praktisch immer mit einer Latte auf und gebe mir dann die Faust. Mit Slobos Kanone wird es noch viel geiler!

»War mir klar!«, grinst er mich an. »Ihr seid alle gleich! Was ist das hier?« Er hat den Vin Santo und die Cantucci im Küchenregal in dem Fach für die Allgemeinheit entdeckt.

»Hab ich geschenkt bekommen.«

»Also doch einer von den Italienern, die letzten drei Tage … hab ich mir gedacht. Gehen wir?«

Er kennt die neuen Koch-Azubis noch nicht, die hatten letzte Woche schon Schluss, ehe seine Schicht begonnen hat, und ich bitte ihn, ein Auge auf Sebastian zu haben. »Er sagt, Koch ist sein Traumberuf, aber er ist noch ein halbes

Kind, jedenfalls nicht sonderlich selbstsicher. Pass auf, dass dieser Lorenz das nicht ausnutzt und ihn unterbuttert.«

Slobos Spind ist in der Umkleide ein gutes Stück von meinem entfernt. Als wir uns umziehen, kommt Sebastian dazu, scheint sehr beeindruckt von Slobo in Unterhose. »Wer ist das?«, flüstert er mir zu, und ich erkläre, »Mit Slobo kannst du reden, wenn mal was ist, Sebastian. Er wird dir helfen.«

Jetzt angezogen stößt Slobo zu uns, und ich stelle die beiden einander vor.

»Hallo Sebastian«, grüßt Slobo, und »Guten Morgen, Herr Djuka …« Sebastian. Er bemüht sich, das Namensschild auf Slobos Brust zu entziffern, wird rot, »Entschuldigung, wie spricht man das aus?«

»Slobo genügt. Und *Herr* kannst du auch weglassen.«

Draußen im Flur kommt uns Lorenz entgegen, ich raune Slobo, der in seinen Klamotten natürlich als Koch zu erkennen ist, zu, wer das ist, und Lorenz gibt sich gleich ganz kumpelhaft, als er das Namensschild erkennt: »Ah, du bist Slobo, hab schon vor dir gehört!«

»Hör mal, Kleiner«, sagt Slobo, »erstens heißt das *Guten Morgen*, zweitens, wie wär's wenn du dich vorstellst, und drittens will ich von einem Lehrling nicht ungefragt geduzt werden. Haben wir uns verstanden?«

Lorenz ist erst sprachlos, weil jemand in diesem Ton mit ihm redet, murmelt dann »Morgen« und »Ich bin Lorenz« und verzieht sich.

»Ich weiß, was du meinst«, sagt Slobo zu mir. »Ich passe auf.«

Herr Lehner bringt mich heute in eine Werkstatt im Keller, in der ein recht beleibter Mann um die Fünfzig gerade einen Akkuschrauber prüft.

»Das ist der Herr Schneider«, stellt er ihn vor, »unser Alleskönner. Herr Schneider, Felix Summerer, Ihr Azubi diese Woche.«

»Scho recht«, brummt der Angesprochene, »lass'n nur da«, und Herr Lehner zieht ab.

»Kann ich irgendwas tun, Herr Schneider?«

»Glei! Wart hoid!« Er legt das Ding in seinen Händen beiseite, streckt mir seine Rechte hin. »Oiso, i bin ned der Herr Schneider, sondern der Ferdl. Servus Felix!«

»Servus Ferdl!«

In tiefstem Bairisch erklärt er, was er so macht. Er ist zuständig für flackernde Lampen, tropfende Wasserhähne, klemmende Schranktüren und Schubladen, defekte Staubsauger, die Heizungsanlage, Küchengeräte, Waschmaschinen, elektrische Jalousien, und noch viel mehr. Ich bin schwer beeindruckt.

Er räumt einige Sachen, die er nachher braucht, auf ein Wägelchen, und zeigt mir einige Kellerräume, ehe wir losgehen, um die ersten Aufträge einer Liste abzuarbeiten.

Wirklich helfen kann ich ihm kaum, höchstens was holen oder halten, aber mit ihm komme ich im Haus rum, lerne Leute kennen, kriege allmählich ein Gefühl, was in so einem großen Komplex alles anfällt.

Patrick hat diese Woche Nachtschicht, erfahre ich an der Rezeption. Nachmittags ist zumindest Tobi wieder da, er wird aber bis abends um zehn arbeiten müssen. Mit ihm setzte ich mich mittags zusammen, erzähle von der italienischen Gruppe, allerdings ohne Roberto zu erwähnen. Slobo kommt kurz dazu, bemerkt, »Es war der Busfahrer, hab ich recht?«

Ich bin perplex. Tobi fragt, »Welcher Busfahrer?«, und Slobo meint, das solle er sich von mir erzählen lassen. »Der Fahrer war als Einziger der Gruppe unter Hundert.«

Tobi quetscht mich aus, bis er erfahren hat, was mit Roberto war. »Hat er dir was gegeben?«

»Nein! Wir hatten einfach beide Lust. Ich hätte von ihm nichts genommen! Er ist doch fast ein Kollege.«

»Und wenn er nun nicht der Fahrer gewesen wäre?« Genau das, worüber ich auch nachgedacht hatte.

»Ich weiß es nicht. Echt nicht.« Ein Blick auf die Uhr. »Wir müssen wieder los.«

Slobo macht etwa mit mir Schluss, wir sehen uns in der Umkleide wieder, doch er bricht bald auf, will irgendwelche Freunde treffen. »Wenn ich schon mal abends frei habe«, sagt er.

Ich checke oben bei mir, was so auf der Welt passiert ist, als eine Message von Tobi aufploppt, als *Wichtig* markiert: »Komm zum Hinterausgang der Küche! Gleich! Dort mehr!«

Ich verstehe zwar nicht, was das soll, aber er wird es mir schon sagen, denke ich, und mache mich auf den Weg.

Tobi wartet schon. »Ich hab nur eine Viertelstunde. Hör

zu. Du weißt, dass Jakob und ich manchmal mit Gästen rummachen. Momentan ist einer hier, für den wir schon ein paar Mal … der will nicht selbst mitmischen, der steht auf Zuschauen und kommandieren. Jetzt hat Jakob Urlaub und Patrick würde zwar mittun, aber seine Schicht fängt an, wenn meine aufhört. Machst du mit? Wenn er zufrieden ist, gibt es 50 für jeden.«

»Langsam. Was ist das für einer? Wie sieht er aus? Was verlangt er, wenn du sagst, er will kommandieren?«

»Geschäftsmann, etwa fünfzig, geiler Typ, aber arrogant. Steht auf Twinks, die ihm aufs Wort gehorchen. Er wird nur glotzen und sich am Schluss einen auf uns runterholen.«

»Hat der irgendwelche abartigen Vorstellungen oder so? Ist der pervers?«

»Er verlangt das Übliche, was schwuler Sex so hergibt. Das Abspritzen will er sehen, damit ihm keiner was vormacht. Also, *was* er verlangt, ist nicht abartig. Aber *wie* er es verlangt, das ist gewöhnungsbedürftig. Sehr ordinär. Dirty talking, du weißt schon. Ich glaube, er geilt sich hauptsächlich an seinem Gerede auf, und denke mir, soll er, wenn's ihm Spaß macht – mir tut das nicht weh. Hätte heute Abend sowieso noch versucht, dich rumzukriegen. Mir ist egal, ob der nun dabei ist oder nicht … wie ist es mit dir? Ich muss wieder rein. Er möchte dich vorher sehen.«

»Ich ihn auch! Dann vielleicht …«

»Passt! Um Sieben auf dem Parkplatz. Ein weißer Panamera. Tu so, als ob du die Karre anschaust. Er wird dich fragen, ob du hier arbeitest und mich kennst. Nimm deinen Ausweis mit, er will sichergehen, dass du achtzehn bist.«

»Was? Der muss doch nicht wissen …«

»Er will kein Risiko eingehen … und wir wissen schließlich auch, wer er ist. Wir sehen uns um zehn in der Kantine.«

»Tobi? Weiß eigentlich Slobo von diesen Geschichten?«

»Ja. Er sagt, er ist nicht unser Kindermädchen.«

Noch gut eine Stunde. Ich bin gespannt, was für ein Typ das ist. Auf dem Parkplatz wird kaum was passieren. Und bevor ich vielleicht auf sein Zimmer gehe, mit Tobi, rede ich noch mal mit dem.

Viertel vor sieben suche ich schon mal den Panamera und dann einen Platz, von dem aus ich den Zugang zum Parkplatz im Blick habe. Es geht aber keiner hin, also entweder ist er schon länger dort oder er kommt aus einer anderen Richtung. Dumm gelaufen.

Um sieben mache ich mich wieder auf den Weg. Sehr viel in Blech investiertes Geld steht hier rum. Niemand ist bei dem weißen Porsche ganz hinten, und ich überlege, wie lang ich warten soll, als jemand aussteigt. Er muss schon die ganze Zeit darin gesessen sein, wegen der verspiegelten Scheiben habe ich ihn nicht gesehen. »Gefällt Ihnen der Wagen?«, fragt er, und, »Arbeiten Sie hier?«

Er ist mindestens eins neunzig groß, breit gebaut, die dunklen Haare sehr akkurat und kurz geschnitten, einen grauen Anzug trägt er, weißes Hemd, silberfarbener Schlips, ein Alpha-Tier, keine Frage. Macht was her. Attraktiv für sein Alter.

»Ich arbeite hier, ja. Schön, das Auto.« Dass ich es total bescheuert finde, wenn jemand meint, mit solch einem Panzer durch die Gegend fahren zu müssen, sage ich nicht.

»Dann kennen Sie vielleicht Tobias?«

»Ich kenne ihn, ja.«.

Er taxiert mich. Von oben bis unten. Abschätzig. »Zeig mir deinen Ausweis!« Ein ganz anderer Tonfall jetzt. Befehlsgewohnt. Dominant.

Ich halte ihm das Ding so hin, dass er Geburtsdatum und Foto erkennen kann, den Namen verdecke ich mit einem Finger.

»Mich interessiert nicht, wie du heißt. Tobias hat dir gesagt, was ich will?«

»Ja.«

»Gut. Zeig mir deinen Schwanz!«

»Was? Hier?«

»Frag nicht so dumm!«, herrscht er mich an. »Natürlich hier, wo denn sonst? Und ich erwarte, dass man tut, was ich sage, und zwar sofort und ohne blöde Fragerei. Hat dir das Tobias nicht gesagt?«

»Doch, hat er.«

»Also, worauf wartest du? Zeig mir deinen Schwanz!« Er wird nicht laut, aber seine Stimme ist eiskalt, scharf, schneidend.

Ich sehe mich um. Wir sind hier am Ende des Platzes

und er hat so geparkt, dass hinter dem hohen Wagen bestenfalls unsere Köpfe zu sehen sein werden. Ich muss entweder sofort gehen oder machen, was er will. Auf Diskussionen wird er sich jedenfalls nicht einlassen. Ich merke, er sieht mir an, was in meinem Kopf vorgeht, und registriere sein süffisantes Grinsen, als ich meinen Reißverschluss öffne, hineinfasse, und eingeschüchtert meinen Pimmel ans Licht hole.

»Wichsen!«

Unter seinem harten Blick mühe ich mich, es ist nicht so einfach, zu ungewohnt das Ganze, und doch auch wahnsinnig erregend.

»Was ist? Kriegst du keinen hoch, du Schlappschwanz?« Er streicht über seine Hose, er hat einen stehen, keine Frage, und ich will das nicht auf mir sitzen lassen, ich denke an Slobo, an Roberto, an Patrick … es wird, ja, nicht steinhart, aber ein Ständer.

Der Typ scheint nicht beeindruckt. Er zückt eine Brieftasche und klemmt einen Fünfziger hinter den Scheibenwischer. »Du wirst dir jetzt hier, neben der Fahrertür, einen runterholen, ans Fenster spritzen, und deine Soße ablecken. Dann kannst du dir die Kohle nehmen und verschwinden.« Er steigt in den Wagen, ich höre die Zentralverriegelung, und stehe mit offener Hose und angegeiltem Schwanz neben diesem Luxusschlitten. Die Fenster der Karre sind nicht nur getönt, man kann von der Seite aus drinnen buchstäblich nichts erkennen, und ich kann mir nur vorstellen, wie er da hockt, mir zuschaut, sich an mir aufgeilt.

Theoretisch könnte ich natürlich gehen, praktisch kann ich es nicht. Dieser Mann hat etwas … ich sehe es nicht, aber sicher hat er sein eigenes Rohr in der Hand, sicher wird er es sich selbst machen, während er mich hier draußen beobachtet, mein Riemen unmittelbar vor seinen Augen … Ich werde ihm zeigen, was ich drauf habe, ich bin kein Schlappschwanz! Was bildet dieser arrogante Typ sich ein?

Noch ein prüfender Blick über den Platz, dann öffne ich auch den Hosenknopf, klemme den Bund des Slips unter meinen Sack, so komme ich besser dran, wichse mich hart, es läuft, ich spüre schon das Ziehen in den Eiern … mach das Fenster runter, dann spritz ich dir in die Fresse, du überheblicher Arsch … los, mach das Fenster runter … ich spritz dich voll! Ja! Ja! Meine Soße läuft an diesem dunklen Glas runter, viel, richtig viel, dem hab ich's gezeigt! Von wegen Schlappschwanz!

Das Fenster öffnet sich einen winzigen Spalt. »Ablecken! Und dann hau ab!« Sehr gepresst stößt er das hervor, und als ich mein Sperma von der Scheibe lecke, kommt es ihm. Der Wagen ist nicht so schall- wie blickdicht.

Ich nehme mir den Schein unter dem Scheibenwischer. Weil er so großkotzig tut. Dafür soll er ruhig blechen.

11. Der Manager

Auf meine Bitte hin kommt Patrick eine halbe Stunde vor seinem Dienstantritt, ich will wegen heute Abend noch mit ihm reden.

»Du kennst diesen Typen doch auch, oder?«

»Ich kenne ihn, aber nur dienstlich, und was Tobi und Jakob so von ihm erzählen. Der muss zwei völlig verschiedene Seiten haben. Als Gast total unauffällig, keine extravaganten Sonderwünsche, ganz normal. Aber anscheinend braucht er ein Machtgefälle beim Sex. Weiß nicht, wie ich sagen soll, bin kein Psychologe. Jakob und Tobi lassen seine Beschimpfungen an sich abtropfen. Das musst du wohl können, sonst solltest du eher nicht hingehen.«

»Ich bin schon hingegangen.« Ich erzähle Patrick, was auf dem Parkplatz passiert ist.

»Ja«, sagt er. »Das passt zu dem, was ich gehört habe. Willst du denn später mit Tobi zu ihm gehen?«

»Ja. Wenn es ihn anmacht, uns zuzuschauen … solang es im Rahmen bleibt, mache ich mit. Ich nehme auch seine Kohle. Und dann sage ich ihm, dass ich es nicht dafür gemacht habe, sondern weil ich ihn geil finde. Das wird sein Weltbild durcheinander bringen. Was meinst du?«

Parick ist verblüfft. »So hab ich das noch nicht gesehen … findest du ihn wirklich geil?«

»Ja, schon. Wenn er nicht so überheblich wäre … wie lang ist er hier?«

»Weiß ich nicht.« Er schaut auf seine Uhr. »Zehn Minuten hab ich noch. Was machst du diese Woche?«

Ich berichte von Ferdl und meiner Kellnerei bei den Italienern am Wochenende. »Der Chef hat gesagt, am Freitag hätte ich nicht arbeiten dürfen. Aber ich glaube, er findet gut, dass ich es gemacht habe.«

»Kann sein. Aber falls so etwas mal wieder vorkommt: Mach's nicht! Zumindest nicht ohne ausdrückliche Anweisung von Christoph oder vom Schuster! Es gab schon mal Ärger mit der Gewerbeaufsicht wegen was Ähnlichem, das wollen sie vermeiden.«

»Äh – wer ist Christoph?«

»Der Chef. Träger. Wir sind per du, weil wir uns schon ewig vom Tischtennis kennen.«

»Aha. Und wie ist er so? Als Chef, meine ich.«

»Er ist ja nicht nur der Chef, sondern ihm gehört das Ganze. Deshalb will er über alles Bescheid wissen und schaut nicht bloß auf Quartalsergebnisse wie ein Manager. Er kümmert sich wirklich um den Laden und die Mitarbeiter. Er weiß, wer Dienst nach Vorschrift macht, und wer sich engagiert, und honoriert das auch mal. Insofern war das mit deinen Italienern nicht schlecht. Was kriegst du dafür?«

»Keine Ahnung. Kann ich die Stunden nachträglich erfassen oder wie läuft das?«

»Red mit ihm oder Schuster. Überstunden für Azubis gibt's eigentlich nicht. Frag! Und jetzt muss ich los. Wenn du noch mehr wissen willst oder ich sonst was für dich tun kann, komm mal zu mir. Morgen geht's nicht, sagen wir übermorgen, so ab sechs?«

Patrick muss sich für seinen Nachtdienst umziehen, ich warte in der Kantine auf Tobi, erzähle auch ihm vom Parkplatz und meinem Plan, er schüttelt dazu den Kopf. »Lass das lieber. Wenn du ihm das sagst, wird er nur noch hochnäsiger!«

»Aber du findest ihn doch auch geil, oder?«

»Irgendwie ja, sonst würd ich es ja nicht mit ihm … vor ihm machen.«

»Eben. Ich auch nicht. Wir könnten auch ohne ihn unseren Spaß haben. Er braucht uns. Im Grunde tun *wir ihm* einen Gefallen. Aber gut. Worauf muss ich mich denn nachher einstellen? Das mit dem Wichsen am Parkplatz fand ich schon irgendwie pervers. Er hätte doch auch sagen können, ich soll mich auf den Beifahrersitz hocken und es da machen.«

»Dann hättest du aber auch ihn gesehen, wie er es sich besorgt, und das will er anscheinend nicht. Keine Ahnung wieso.«

»Aber du hast gesagt, er wird sich am Schluss einen auf uns abwichsen. Da sehen wir ihn doch auch!«

»Nein. Wenn er loslegt, müssen wir uns eine Decke

oder irgendwas über den Kopf ziehen. Und vorher … wir sollen uns gegenseitig blasen, lecken, bumsen … was wir alles auch ohne ihn miteinander machen würden, oder? Pass nur auf, dass es dir nicht zu früh kommt! Erst am Schluss, wenn er sagt, du sollst.«

»Irgendwie schon pervers, oder?«

Tobi zuckt mit den Schultern. »Jeder wie er's mag!«

Wir drehen noch schnell eine Runde durch unser Bad, dann gehen wir los. »Wie heißt er eigentlich und was macht er?«

»Hat eine Firma für irgendwas. Ein komischer Vorname. Gotthold oder so ähnlich. Aber der Nachname passt: Hauptmann. So führt er sich auf und so einen Kasernenhofton hat er drauf. Wir sind Schütze Arsch und haben zu gehorchen und den Mund zu halten. Denk an die Kohle und hör einfach weg, wenn er uns beleidigt.«

»Wie lang wird das Ganze dauern, so etwa?«

»Eine Stunde bestimmt. Er sitzt ja nur dabei und gafft, streicht sich höchstens mal über den Hosenlatz. Das hält er lange aus.«

»Und wenn's dir oder mir doch vorher schon kommt?«

»Er wird sich darüber mokieren. Und erwarten, dass du weiter machst.«

»Pfff … hoffentlich …«

»Findest du mich so geil? Oder ihn?«

Wir stehen vor der Zimmertür, das erspart mir eine Antwort.

Auf Tobis Klopfen wird recht schnell geöffnet. Hauptmann ist gekleidet wie vorhin, auch hier im Zimmer trägt er Straßenschuhe, das einzig ein wenig Informelle ist das geöffnete Sakko. Sein Zimmer ist deutlich größer und besser ausgestattet als das von Roberto, klar, Geld scheint bei ihm keine Rolle zu spielen.

Er hat einen bequemen Sessel bereitgestellt, in den lässt er sich fallen, die Füße legt er hoch auf einen Hocker. »Kommt mal her«, winkt er uns zu sich, mustert uns abschätzig von Kopf bis Fuß. »Umdrehen!«, »Bücken!«, »Beine breit!«, »Du da, Beine breit hab ich gesagt!«

»Ich?«

»Wer denn sonst? Wenn ich Tobias gemeint hätte, hätte ich es schon gesagt. Du Schwachkopf willst doch anonym bleiben. Also bist du für mich ›Du da‹. Kapiert?«

Allein wie abschätzig er das *Anonym* betont hat … ich könnte ihm an die Gurgel gehen. Und mache doch die Beine noch breiter. Und sage »Ich bin Dario.«

»Na also, geht doch! Zieht euch mal bis auf die Unterhose aus und kommt wieder her!«

Wir legen unsere Klamotten ab, stellen uns vor ihm auf, »Nichts in der Hose, was?«, kommentiert er die offensichtliche Funkstille bei uns beiden. »Umdrehen, bücken!«

Diesmal ist er mit der Spreizung der Beine zufrieden, nach einer Weile sollen wir uns wieder umdrehen und er begutachtet unsere Slips. »Tobias, links um, Dario rechts um!«, heißt es dann, nun stehen wir uns gegenüber. Tobi verdreht die Augen, ich deute das als »Lass ihn einfach!«.

»Befummelt euch mal gegenseitig!«

Jetzt sieht mich Tobi an, lächelt ein wenig, seine Finger streichen über mein Geschlecht, ertasten sacht meinen Sack, meinen Pimmel, ich greife nach seiner Männlichkeit, reibe ein wenig, wären wir allein, ich würde ihn an mich drücken.

»Fasst euch in die Hose!«

Tobis Hand schiebt sich unter den Bund meines Slips, tastet sich vor, ganz kurz öffnet er den Mund, steckt die Zungenspitze heraus, ich habe seine Nudel umfasst, sie ist noch weich, hat aber schon an Volumen gewonnen.

»Unterhosen runter und weitermachen!«

Die Slips fallen, wir betatschen und begrapschen uns gegenseitig. Tobi ist gut, so wie er mit meinen Klöten spielt, der kann das, er hat Gefühl, mein Rohr wächst, wird hart, und auch bei ihm tut sich was, bald knete ich keine schlaffe Nudel mehr, sondern einen ausgewachsenen Ständer.

»Dario, leck seine Eier!« Hauptmanns Gesicht ist höchstens einen halben Meter von meinem entfernt, als ich vor Tobi knie und aus Gewohnheit und weil sie sich mir entgegenstreckt seine Eichel in den Mund nehme.

»Sind das seine Eier? Pass gefälligst auf, wenn ich was sage!«

Meine Güte, wieso kann er das nicht anders sagen? Ich mache ja schon …

»Nimm sie in den Mund!«

Gerne doch! Ich sauge mir einen von Tobis Klunkern ein, lasse ihn wieder aus dem Mund flutschen, dann den anderen, noch mal, und noch mal, bis Hauptmann unterbricht: »Lutsch seinen Schwanz!«

Noch lieber! Tobi hat einen schönen Schwanz, nicht so groß wie Slobo oder Roberto, aber sehr ansehnlich, und an dem nuckle ich ausgiebig. Tobi scheint es zu gefallen, er beginnt aus den Hüften heraus zuzustoßen, schiebt sein Rohr in meinen Schlund, was Hauptmann sofort unterbricht: »Hat irgendwer gesagt, du sollst ihn ins Maul ficken? Er soll dich blasen, sonst nichts!« Er verteilt gern Anschisse. Warum auch immer.

Tobi hält still, ich blase, bis Hauptmann genug hat und wir die Rollen tauschen sollen. Tobi kniet vor mir, leckt meinen Sack, saugt an meinen Klöten, lutscht meinen Schwengel, ich hätte große Lust, ihn ins Maul zu vögeln, verkneife es mir.

»Aufstehen, umdrehen, bücken! Alle beide!«

Ich weiß, was er meint. Wir sollen ihm unsere Kehrseiten zuwenden. Unsere Ärsche will er sehen. Aber schließlich hat er gesagt »Umdrehen«. Also drehe ich mich um 180 Grad und bücke mich. Er sieht mich jetzt von rechts statt von links.

»Was bist du denn für ein Trottel! Ich habe gesagt …«

»Sie haben gesagt *Umdrehen*. Genau das habe ich gemacht. Wenn Sie was anderes gemeint haben, drücken Sie sich bitte deutlich aus.«

Peng, das hat gesessen. Tobi versucht erfolglos, sein Lachen zu unterdrücken und sogar Hauptmann ist sprachlos. Eine solche Frechheit, ihm!

Er knirscht hörbar mit den Zähnen, vielleicht überlegt

er sogar kurz, uns rauszuschmeißen, dann fängt er sich wieder. »Dario, aufstehen, links um, bücken, Beine breit! Tobias, hör gefälligst auf zu kichern!«

Selbst wenn er nun noch unfreundlicher wird, das war's wert!

Nun sehen wir ihn nicht, er ist hinter unserem Rücken, Tobi zwinkert mir verstohlen zu, und an meinem Hinterteil spüre ich Hauptmanns Atem, er muss sehr nah dran sein, und ich verstehe ihn nicht. An seiner Stelle würde ich uns beide auslecken oder ficken. Jedenfalls nicht nur begaffen.

»Beide links um! Dario, leck seinen Arsch! Aber ordentlich! Ich will deine Zunge in seinem Loch sehen! Los!«

Er will mir zeigen, wer hier der Herr ist. Soll er! Tobis Arsch ist geil, ich grabe mich in seine Spalte, meine Zunge bohrt ihn auf, Tobi stöhnt auf, es gefällt ihm, und für Hauptmann ist das wohl der Beweis, dass ich wirklich in Tobis Loch zugange bin, auch wenn er das nicht sehen kann.

»Genug! Steck ihm einen Finger rein und leck ihn ab!«

»Wie soll ich das machen, wenn der Finger drinsteckt?«

Gleich explodiert er. Es ist mir egal. Mein Zeigefinger steckt in Tobis Hintern, und von rausziehen hat er schließlich nichts gesagt.

Er wird das erste Mal laut. »Du blöde Nutte weißt genau, was ich meine!«

»Ich mache genau, was Sie sagen«, korrigiere ich ihn. »Das wollen Sie doch!«

»Du Rindvieh!«, quetscht er mit zusammengebissenen Zähnen hervor. »Nimm den Finger raus und leck ihn ab. Und dann steckst du jeden einzelnen deiner zehn Finger in sein Arschloch, ziehst ihn wieder raus und schleckst ihn ab. Hast du das kapiert?!?«

»Zu Befehl, Herr Hauptmann!« Er kann die Ironie in meiner Stimme gar nicht überhören, aber offensichtlich hat er keine Retourkutsche parat, da kommt nichts, und so befingere ich wie befohlen Tobis Hintereingang, lecke mich jedes Mal danach ab, Hauptmann kann daran nichts auszusetzen finden.

»Genug! Dario hinknien, Tobias, fick ihn durch, bis er nicht mehr *Piep* sagen kann. Diese blöde Schlampe soll drei Tage nicht auf ihrem ausgefickten Arsch sitzen können! Gib's ihm! Los!«

Er hält gefickt werden oder Arschlecken müssen wohl für ein Zeichen der Unterwerfung, das will er mir antun, und Ficken oder sich den Arsch lecken lassen bedeutet Herrschaft, das gönnt er Tobi, weil der ihn nicht gereizt hat. Dass ich gern Tobis Grotte geleckt habe und mich gern von ihm pudern lasse, kann Hauptmann sich wohl nicht vorstellen. Das werde ich ihm gleich mal klarmachen.

»Komm Tobi, fick mich! Gib's mir!«, sporne ich meinen Kumpel an, und das passt Hauptmann auch wieder nicht.

»Halt die Klappe und mach lieber die Fotze auf! Tobias, stopf ihm das Loch!«

Der tut, wie ihm geheißen, aber erst nachdem er mich und sich mit reichlich Spucke ordentlich nass gemacht hat. Dann flutscht es, sein Kolben bohrt mich auf, er drängt in mich, ich sage nichts mehr, aber so, wie ich Hauptmann ansehe, muss er merken, wie mich so eine Arschfüllung anmacht. Er hockt da in seinem Sessel, eine Hand hat er in seinen Hosenschlitz geschoben, mit Stielaugen hängt er an uns, doch viel sehen wird er von seinem Platz aus nicht.

Das checkt er selbst, wir sollen es anders machen: »Tobias, leg dich hin, Beine zu mir, Dario, hock dich drauf, Rücken zu mir, steck dir seine Rübe rein und reit ihn! Los!«

Kein Problem. Machen wir. Ich führe Tobis Pflock bei mir ein, hebe und senke meinen Hintern, jetzt muss Hauptmann sehen, was er will: Tobis Sack, seine Latte in mir drin, mehr kann er kaum wollen. Tobi und ich verständigen uns mit Blicken, ich lasse mich immer wieder auf ihn fallen, bis Hauptmann sagt, Tobi soll mich ficken. Ich beuge mich vor, halte still, Tobi zieht die Beine an und hämmert von unten seinen Knüppel in meine Lustgrotte.

»Ja! Gut! Tobias, fick diese blöde Sau durch! Stopf seine Arschfotze! Ja! Jetzt dürft ihr abspritzen! Los!«

Ich könnte mir locker einen abwichsen, aber erst soll Tobi kommen, ich flüstere ihm Schweinereien zu, spiele mit meinem Loch, seine Stöße werden härter, sein Brustkorb pumpt, seine Finger krallen sich um meine Arme, ja, jetzt ist er so weit, »Es kommt! Es kommt! Geh runter!«

Ich fasse nach hinten, halte seinen Steifen, lasse ihn aus meiner Möse flutschen, da lädt er ab, drei, vier Portionen Sahne landen auf meinem Rücken. Tobi liegt erschöpft und mit geschlossenen Augen da, aber ich muss schließlich auch noch … Ich stecke mir seine Latte noch mal rein, reite nicht, ich will nur was hinten drin haben, und dann rubble ich mir einen ab, spritze eine schöne Ladung auf Tobis Brust, bin ziemlich fertig. »Wollen Sie sehen?«, kriege ich gerade noch heraus, da fliegt von hinten eine Decke über meinen Kopf und Tobis Oberkörper, und dann trifft noch mehr heiße Soße meinen Rücken und läuft runter. Das war ein ordentlicher Abgang, was der da hatte!

»Liegen bleiben!« stöhnt er, scheint seine Garderobe wieder zu ordnen, macht noch irgendwas, schließlich, »Ihr könnt die Decke runter nehmen.« Er thront wieder in seinem Sessel, vollständig bekleidet.

»Hier! Putzt euch ab und dann zieht euch an und verschwindet!« Er wirft uns ein offenes Päckchen Tempo zu.

Ich hole eines raus, sehe vorne etwas Grünes, da steckt ein Hunderter drin! Nicht schlecht! Ich zeige es Tobi, ehe ich seinen Bauch und danach er meinen Rücken abwischt. Wir schlüpfen in unsere Klamotten und verziehen uns. Hauptmann erwidert sogar unser »Gute Nacht!« und er scheint mir durchaus zufrieden zu sein.

12. Herr Hauptmann

Tobi will noch schnell bei Patrick vorbeigehen. »Damit er sieht, wir sind wieder da. Machen wir immer so. Wenn einer wo ist, weiß ein anderer in welchem Zimmer und bei wem. Sicherheitshalber.«

Patrick kümmert sich gerade um Gäste, aber er sieht uns, nickt.

Mit einem Kaffee in unserer Küche lassen wir den Abend ausklingen. »Wieso Dario?«, will Tobi wissen. »Und als du gesagt hast, ›Drücken Sie sich bitte deutlich aus!‹, hätt's mich fast zerrissen. Darauf wär' ich nicht gekommen!«

»Dario ist mein zweiter Vorname. Italienische Mutter. Und ich dachte, wenn er uns sowieso anpflaumt, soll er wenigstens einen Grund dafür haben, oder?«

»Ja, gut, aber weil du so unverschämt warst, durftest du mich nicht bumsen. Sonst sollen wir uns immer abwechseln, also jeder jeden, du weißt schon.«

»Vielleicht durfte ich auch nicht, weil er es nicht mehr länger ausgehalten hat.«

»Kann auch sein. Zumindest ist er ja gleich nach uns gekommen.«

»Eben. Warte, ich hole die Tempos und einen Fünfziger, dann können wir teilen.«

Tobi nickt, ich verschwinde in mein Zimmer, höre die Flurtür, Slobo kommt heim. Zusammen gehen wir in die Küche, da hockt Tobi, mit einem der Cantucci in der Hand mosert er uns an: »Wer von euch hat dieses steinharte Zeug mitgebracht?«

»Felix' Busfahrer«, entgegnet Slobo ungerührt. »Das gehört so.«

»Das kann doch kein Mensch essen!«

»Du sollst es auch nicht so essen!« Slobo füllt ein kleines Glas mit Vin Santo, taucht den Keks hinein, schiebt ihn Tobi in den Mund. »Alles muss man den Kindern beibringen!«, stöhnt er. »Solltet ihr nicht schon längst im Bett sein?«

»Gleich, Onkel Slobo. Die Kinder müssen erst ihr Taschengeld teilen.« Ich pfriemle das grüne Papier aus dem Päckchen und … »Tobi, wir müssen nicht wechseln. Es sind zwei!«

Tobi war genauso baff wie ich, und natürlich wollte Slobo wissen, was es mit dem Geld auf sich hat.

»Der gibt euch so einen Haufen Kohle, bloß weil er euch bei so etwas Ähnlichem wie Sex zuschauen durfte?«, fragt er ungläubig. »Da werdet ihr euch bald nicht mehr um euren armen alten Freund Slobo und seine Bedürfnisse kümmern!«

»Eine Runde Mitleid für Slobo!«, gehe ich auf seinen

Tonfall ein. »Ich hab mich heute früh erst um dich gekümmert. Und werd es morgen wieder tun. Und übermorgen. Und …«

»… und wenn du jetzt ein Bedürfnis hast, komm mit zu mir«, fällt Tobi ein. »Ich werde mich darum kümmern.«

Tobi liegt auf dem Bauch auf seinem Bett, Slobo auf ihm, seinen Mast hat er in Tobis Arschkanal versenkt, nun bumst er ihn durch. Ich sehe von der Tür aus zu, sie haben vorher nicht groß rumgemacht, Tobi hat Slobos Steifen eingespeichelt, sich bereitgelegt, die Beine breit gemacht, und Slobo hat ihn bestiegen. Einfach so, nur mit Spucke. Bei mir bräuchte es da ein halbes Pfund Creme oder Fett.

Slobos Arsch ist phantastisch! Wie der rackert und seine Hinterbacken spielen lässt, unbeschreiblich! Und wie er zustößt, wie laut es klatscht, wenn seine Lenden auf Tobis kleinen Po treffen … lang wird das nicht mehr dauern, wenn ich auch will, muss ich bald …

Ich hole meinen Schwanz raus, längst hart, und es braucht nicht viel, da spritze ich auf Slobos Hinterteil! Er merkt es natürlich, bockt weiter, noch härter jetzt, der arme Tobi, wie hält er das aus … Slobo kommt, er kneift die Arschbacken zusammen, lässt sein Zeug raus, füllt Tobi ab.

Der will nun auch, doch dazu müssen sie sich drehen, und dann läuft meine Soße von Slobo runter ins Bett, die Tempos liegen noch in der Küche, mir bleibt nichts anderes übrig … schnell lecke ich meine Sahne von Slobos prallem Arsch.

Am nächsten Morgen rasiert sich Slobo gerade, als ich ins Bad komme, nackt und mit einer Morgenlatte steht er da, »Hab schon auf dich gewartet«, sagt er, und ich befriedige mit dem Mund sein unübersehbares Bedürfnis nach sexueller Entspannung. Und mein eigenes mittels Handbetrieb auch. Der Tag fängt schon mal gut an.

Am Vormittag begegne ich mit Ferdl zusammen unserem gestrigen Date im Aufzug, heute in einem blauen Anzug. »Guten Morgen, Herr Hauptmann«, grüße ich, bedanken geht schlecht, in Begleitung, ich hoffe, er versteht das. Zumindest grüßt er zurück. Und liest mein Namensschild. Scheiße.

»Warst du beim Bund und der dei Chef?«, will Ferdl wissen. »Schaut aus wia a Offizier.«

»Nein, ich war nicht beim Bund. Das ist sein Name.« Aber Ferdl hat recht. Hauptmann sieht aus wie ein Offizier und Uniform würde zu ihm passen.

Der weiße Porsche steht heute auf einem anderen Parkplatz, aber wieder hinten, weg von den anderen, obwohl näher am Haus genug Plätze frei wären. Sieht sehr nach Absicht aus.

Zur selben Uhrzeit wie gestern Abend begutachte ich wieder dieses überdimensionierte Gefährt, und ich habe mich nicht getäuscht: Hauptmann steigt aus, nickt, »Felix Summerer, sieh an! Hab dich erwartet.«

»Guten Abend, Herr Hauptmann. Wir bedanken uns für die 200 Euro. Warum haben Sie mich erwartet?«

Darauf geht er nicht ein. »Hol deinen Schwanz raus. Wir machen es so wie gestern!« Er greift in sein Sakko.

»Nein. Mach ich nicht. Sie können die Brieftasche stecken lassen. Wieso erwarten Sie, dass jeder nach Ihrer Pfeife tanzt, bloß weil Sie Geld haben?«

»Wer zahlt, schafft an! Schon mal gehört?«

»Behandeln Sie Ihre Angestellten genauso?«

»Ich diskutiere nicht mit dir darüber, wen ich wie behandle! Du kannst jetzt gehen oder deinen Schwanz rausholen und dir einen abwichsen.«

»Das würde ich schon machen. Aber nicht hier draußen und nicht allein. Wir können uns in den Wagen setzen und machen es uns beide.«

»Ganz sicher nicht.«

»Dann nicht. Guten Abend.«

Ich unterhalte mich im Keller mit ein paar Leuten, als eine Nachricht von Tobi kommt: »In 5 Minuten hinter der Küche!«

»Ganz schnell«, sagt er. »Hauptmann will dich sehen. In seinem Zimmer. Gehst du hin?«

»Was? Wieso sagt er das dir?«

»Weil er von dir keine Nummer hat! Gehst du hin?«

»Warte.« Ich erzähle, was heute auf dem Parkplatz war.

»Du hast ihn abblitzen lassen, und trotzdem will er… Seltsam. Gehst du hin?«

»Ich hör mir an, was er will.«

»Okay. Meld dich danach bei mir, verstanden?«

»Klar, mach ich. Danke, Tobi.«

»Guten Abend, Herr Hauptmann«, sage ich, als er in seinem dunkelblauen Anzug die Tür öffnet. Weiter nichts, schließlich will er was von mir.

»Komm rein!«, winkt er mich ins Zimmer, setzt sich, legt die Beine hoch. »Ich glaube dir, dass es dir nicht um Geld geht. Weshalb warst du vorhin auf dem Parkplatz?«

»*Ich* wollte wissen, ob *Sie* da sind. Sie, ob ich komme. Und Sie wissen ebenso gut wie ich, dass man, weil wir uns dort getroffen und Sie mich jetzt hierher gebeten haben, auf ein gewisses gegenseitiges Interesse schließen kann. Und welcher Art dieses Interesse ist, ist uns beiden klar, oder?«

»Was redest du denn so geschwollen? Genau wie mein Anwalt, den versteht auch keiner.«

»Und? Springt der im Dreieck, wenn Sie mit Geld winken?«

»Ja, macht er. Und jetzt reden wir Klartext: Ja, ich bin geil auf dich, und du anscheinend auf mich. Was willst du?

»Dass Sie mitmachen. *Was* dann läuft, können Sie bestimmen. Aber ich werde nicht als Zirkuspferd hier irgendwas vorführen.«

Seine Augen fixieren mich. »Du wirst mir gehorchen?«

»Solang nicht…«

Er unterbricht sofort. »Nichts, was nicht auch gestern war. Aber auf meine Art. Ausziehen! Los!«

Völlig nackt stehe ich da, am Pimmel zieht er mich zu sich. »Jetzt ziehst du mich aus!« Er steht auf, ich nehme ihm das Sakko ab, löse die Krawatte, knöpfe sein Hemd auf soweit möglich, als ich den Gürtel öffnen will, unterbricht er: »Die Schuhe!«

Vor ihm kniend fummle ich an den Bändern rum, befreie ihn von den edlen Budapestern, sicher handgenäht, dann darf ich Gürtel und Hose öffnen, die letzten Knöpfe des Hemdes, er schlüpft aus den Ärmeln, steigt aus der Hose, ich lege alles ordentlich gefaltet beiseite, nun steht er in weißem T-Shirt und weißen Pants einer Schweizer Edelmarke und schwarzen Kniestrümpfen mitten im Raum. Auch in Unterwäsche eine imposante Erscheinung. Zumal die Hose erahnen lässt, was sich darin verbirgt.

Die Strümpfe zieht er selbst aus, stellt sich hinter mich, verbindet mir damit die Augen, schlägt meine Hände, die zum Kopf gehen, weg. »Das bleibt drauf! Wir machen es so oder gar nicht! Willst du gehen?«

Überrumpelt schüttle ich den Kopf, und nun legt er richtig los. »Bück dich und zeig mir deine Fotze! Arsch auseinender, los!«

Unsicher beuge ich mich runter, fasse nach hinten, spreize meine Backen, spüre seinen Atem, aus nächster Nähe begutachtet er mein Loch. »Hattest du seit gestern Abend noch mal einen drin?«

»Nein.«

»Dann wird's Zeit! Zeig mal, was du mit deiner Möse kannst!«

Ich kneife zu, lasse locker, das gefällt ihm. »Hübscher Arsch, noch gar nicht so ausgefickt.« Er spuckt einige Male in meine Ritze, das Zeug läuft runter, am Stern wartet sein Finger, und den rammt er volle Pulle rein, so dass ich unwillkürlich aufschreie.

»Sei still! Du wirst doch wohl einen Finger im Arsch vertragen!« Ausgiebig fingert er meine Grotte, unvermittelt hört er damit auf, und ich soll mich umdrehen und hinknien. Nach einer gefühlten halben Drehung gehe ich also zu Boden, eine Hand packt meinen Haarschopf, dann heißt es »Maul auf!«, und dann schiebt er mir seinen Finger in den Rachen. »Ablecken!«

Zwischendurch spielen seine Zehen mit meinem Steifen, dann nimmt er den Finger raus, presst mein Gesicht in seinen Schoß, und er trägt zwar die Unterhose noch, doch ich spüre, wie sehr das Ding darin zugelegt hat. »Kau mir einen!«

Durch den Stoff speichle ich sein Rohr ein, taste mit den Lippen seine Hoden ab, bis er die Pants abstreift und ich seinen blanken Sack abschlabbern darf. Ich sauge an seinen Eiern, ziemlich haarig alles da unten, und ich möchte gern sehen, was meine Zunge da bearbeitet, traue mich aber nicht, die Strümpfe abzustreifen.

Jetzt steckt er mir seinen Bolzen in den Schlund, und auch wenn er nicht mit Slobo mithalten kann, das Teil ist nichts, weswegen er sich schämen oder verstecken müsste. »Nimm bloß die Zähne weg!«, herrscht er mich an, obwohl ich sowieso aufpasse, ich beiße ihn nicht, ich klammere mich an seinem Hintern fest und eine gefühlte Ewigkeit vögelt er mich ins Maul.

Mein Rohr steht steif und fest, zum Glück bearbeitet er mich da unten nicht mehr, wer weiß, was passieren würde.

Endlich hat er genug. »Leg dich auf den Rücken!«

Vorsichtig taste ich den Boden hinter mir ab, und kaum liege ich, hockt er schon auf mir. Ich sehe es nicht, aber er muss breitbeinig beidseits meiner Brust knien, meine Arme mit den Füßen eingeklemmt, mein Gesicht sein Sitz. »Leck mir schön den Arsch aus, du Nutte!«

Auch seine Kimme ist sehr behaart, und es ist geil, das alles einzuspeicheln, trotzdem würde ich es lieber sehen! Er reißt selbst seine Kiste auseinander, und nun hat meine Zunge ihr Ziel erreicht, wohlig jault er auf, als ich seinen Mösenring anstupse. Zwischendurch lüpft er seinen Hintern ein wenig, dann schnappe ich nach Luft, und wenn er sich wieder auf mich senkt, sucht meine Zunge ihr Ziel.

Lang geht das so, dann summt auf einmal sein Handy und er geht sogar dran! Während ich …

Die Nummer muss er kennen, denn er meldet sich gleich mit »Hallo Gerhard, was gibt's? … Ja … Nein, du störst nicht …«, und nun stelle ich meine Leckdienste ein. Wenn er lieber telefonieren will, bitte.

»Weiterlecken!« fährt er mich an, und »Nein, nicht du … nein … ich sitz hier grade auf so 'ner Hotelnutte, die mir den Arsch leckt. … Was? … Ja, macht er ganz ordentlich, würde dir auch gefallen … Was? … Nein, hab ihm die Augen verbunden, du weißt doch … warte mal, er klopft auf den Boden, kriegt wohl keine Luft mehr … so, jetzt geht's wieder … nein, gefickt hab ich ihn noch nicht … ja, klar ist sein Arsch noch dran … er kann's kaum erwarten, sein Schwanz tropft schon …

ja … ja gut, wie du meinst … dann nachher … ja, ich ruf dich an, wenn ich mit ihm hier fertig bin … ja, gut, bis dann!«

Gerhard, ich kenn dich nicht, aber wenn du das hier liest – Danke!

»Dann wollen wir mal!« Hauptmann steht auf und ich kann endlich wieder richtig durchschnaufen, ohne seinen fleischigen Arsch auf mir. »Knie dich hin!«, befiehlt er. »Auf alle Viere. Ich stech dich von hinten an!«

Ich taste den Boden um mich ab, ehe ich mich in die gewünschte Position bringe, gleich schmieren glitschige Finger meine Rosette ein, einer, zwei, bohren vor, von hinten rückt er mir auf die Pelle, sein Steifer schubbert in meiner Ritze, seine Lenden an meinem Hintern. Ein paar Mal nimmt er Anlauf, fickt nur die Spalte zwischen meiner Kimme und seinem Bauch, dann setzt er an, »Bitte nicht so brutal!«, bettle ich, dazu grunzt er nur, doch nachdem die Eichel drin ist, hält er inne, lässt mir etwas Zeit, ehe er seine Kanone ganz reinsteckt.

»Ein Tempo, bitte!« Hauptmann hatte recht, mein Schwanz tropft schon, lang halte ich das nicht mehr aus und wenn er mich jetzt durchorgelt …

»Hier!« Etwas Weiches fällt auf meine Hand, und dann beginnt der Arschfick so richtig! Hauptmann hat mich an den Beckenknochen gepackt und hämmert los. Zieht seinen Zapfen langsam fast ganz aus mir raus und haut ihn volle Pulle wieder rein. »Dir geb ich's, du Nutte, ich stopf dir den Arsch … morgen wirst du nicht sitzen können, du schwanzgeile Sau … ja … und rein in deine verfickte Fotze …«

Ich halte schon mal das Papiertuch bereit, mein Lümmel wird gleich was ausspucken. Hauptmann bockt und bockt, stammelt ordinäres Zeug, eine Schlampe nennt er mich, verkommene Arschnutte, nichtsnutzige Drecksau, und gleich, gleich … »Gib's mir, du Arschficker!«, schreie ich zurück, »du Schwein! Du Hurenbock! Ja! Jaah!«, ich komme, das Tempo kann meine Soße kaum aufnehmen, und endlich, endlich zuckt auch die Kanone hinten drin und flutet meinen Arschkanal.

13. Hausinterna

Er hat telefoniert, während du seinen Arsch geleckt hast?«, fragt Tobi ungläubig. »Und das dem anderen erzählt? Irgendwie pervers ist er schon.«

Slobo nickt dazu. Wir sitzen mit dem Rest des Vin Santo in unserer Küche und mümmeln die letzten Cantucci.

»Ja, wie er mich beschimpft hat, das war pervers. Aber sonst wollte er echt nichts Abartiges. Außer, dass er mir eben die Augen verbunden hat.«

»Vielleicht hat er irgendwelche Operationsnarben oder so was«, spekuliert Slobo.

»An Armen und Beinen nicht. Am Hintern auch nicht. Das hätte ich gemerkt.«

»Was hat er dir gegeben?«, will Tobi wissen.

»Nichts. Ich hab gesagt, dass ich nicht wegen Geld bei ihm bin.«

»Sondern weil du ihn geil findest! Ihn, nicht mich! Ich hab's gewusst, als du mir da vor seiner Tür keine Antwort gegeben hast!«

»Tobi, mach jetzt kein Drama daraus! Ich finde dich

auch geil! Und Slobo, Patrick und Jakob auch! Jeden auf seine Art! Das ist doch bei euch genauso.«

Heute haue ich mich eher in die Falle, während nebenan Slobo und Tobi einen lautstarken Gutenacht-Fick abziehen.

Ich finde sie wirklich alle geil. Ob sie jetzt so alt sind wie ich, oder dreißig wie Slobo, vierzig wie Roberto, fünfzig wie Hauptmann … egal. Was ich bisher alles verpasst habe!

Slobo und Tobi sind immer noch zugange. Jetzt dazu stoßen ist irgendwie blöd … andererseits … schlafen kann ich sowieso nicht, solange die da bumsen … ich hole mir mit dem von Slobo getragenen Lidl-Slip unter der Nase schnell einen runter, und nachdem auch meine Nachbarn gekommen sind, wird es ruhig und ich kann pennen.

Nach dem schon fast traditionellen Blaskonzert bei Slobo am Morgen bitte ich ihn um einen Gefallen: »Wenn mal keiner da ist für deine Bedürfnisse, nimm doch die zweite Lidl-Unterhose, du weißt schon. Und wenn du ein paar Mal …«

»Mach ich. Dann musst du aber auch was für mich tun!«

»Hab ich doch grade eben!«

»Mmh … es gibt ja noch deine Rückseite!«

»Slobo, das halt ich nicht aus! So wie du vorgestern Tobi zugeritten hast, das geht bei mir nicht!«

»Noch nicht! Es wird dir gefallen! Wir üben!«

»Auf Wiedersehen, Herr Hauptmann. Ich hoffe, Sie hatten einen angenehmen Aufenthalt.« Mit Ferdl bin ich in der Lobby beschäftigt, als Hauptmann mit Gepäck das Haus verlässt. Er telefoniert gerade, aber er nickt, hat mich wohl verstanden.

Heute findet das wöchentliche Treffen der Azubis aller Lehrjahre mit Herrn Schuster statt. Einige sehe ich bei dieser Gelegenheit das erste Mal. Jeder erzählt, was er gerade macht, Herr Schuster berichtet von aktuellen Planungen für anstehende Veranstaltungen, er verteilt Aufgaben für nächste Woche, danach frage ich ihn wegen der Stunden für meine Kellnerei bei den Italienern.

»Herr Träger hat mich informiert«, nickt er. »Wie lang war das?«

»Am Freitag etwa halb zehn bis halb eins, Samstag sechs bis zehn, halb elf.«

»Gut, Vorschlag: Sie nehmen irgendwann einen Tag frei. Geben Sie mir vorher Bescheid, damit es nicht von Ihrem Urlaub abgeht. Einverstanden?«

»Sicher. Wenn mal wieder Italiener hier sind … mach ich gerne.«

Am Abend auf dem Weg zu Patrick besorge ich Eiswaffeln und eine Familienpackung Stracciatella. Angeblich nach italienischem Rezept.

Patrick bedankt sich. »Willst du gleich Eis oder kann ich sonst was für dich tun?«

»Tu's ins Gefrierfach. Erst …« Ich folge ihm in die Küche, und kaum hat er die Tür des Eisschranks wieder geschlossen, umfasse ich ihn von hinten, eine Hand um seine Brust, eine an seinem Schwanzpaket, mein Harter fest an seinen knackigen Po gepresst.

»Hast du's so nötig? Läuft bei euch oben nichts?«

»Doch, und wie, aber heute morgen ist schon so lang her…«

Patrick windet sich in meinen Armen, dreht sich, fasst mir vorne dran. »Sehr nötig!«, stellt er, völlig zurecht, fest, und dann küsst er mich, gleich mit Zunge, und er pfriemelt an meinem Gürtel rum, ich an seinem, die Hosen fallen, die Unterhosen auch, halbnackt stehen wir knutschend in der Küche, reiben unsere Stangen aneinander.

»Warte!«, stöhnt Patrick. »Moment!« Er entzieht sich mir, greift sich eine Flasche Olivenöl, gießt ein klein wenig in seine Hand, schmiert damit meinen Steifen und sein Loch ein, beugt sich über die Arbeitsplatte und reckt mir seinen prallen Arsch entgegen. »Fick mich, Felix, fick mich!«

Der hat's auch nötig! Und wie!

Er kriegt von mir, was er braucht. Was ich auch brauche! Einen heftigen Arschfick! Mit den Hosen an den Knöcheln können wir uns beide kaum bewegen, ich halte mich einfach an ihm fest und stoße aus der Hüfte heraus zu. Ich habe ja gern was hinten drin, aber selbst eine geile Stute zu besteigen, hat ganz entschieden auch was!

Patrick spornt mich an, »Gib's mir, Felix, ja… komm… fick mich in den Arsch! Ja, komm, fick…!«

Ich beobachte ganz genau, wie mein Knüppel in seinem Hintereingang verschwindet, ganz rein, immer wieder, sein Fotzloch frisst meinen Schwanz, er saugt ihn ein, und mit seinem geilen Gelaber, meinem Kolben in seiner heißen Grotte und seiner Latte in meiner wichsenden Hand … »Ich komme! Ich komme! Ich spritz dich voll! Ich … aaah!« Meine Soße strömt in diese enge Höhle, eine ordentliche Arschbesamung kriegt er ab, und noch, während ich in ihm alles rauslasse, was meine Eier seit heute morgen produziert haben, beginnt das Rohr zwischen meinen Fingern zu spucken und Patrick versaut seinen Küchenschrank.

»Wie war's bei dir bisher so?« Patrick schiebt sich einen Löffel Eis in den Mund.

»Ach, mit Tarik Hecke schneiden und mit Ferdl Glühbirnen austauschen ist jetzt nicht wahnsinnig interessant, aber ich versteh schon, dass man alles mal gesehen haben soll.«

»Mhm, darum geht's. Der Schuster plant die Einsätze der Azubis, der weiß, was beliebt ist und was nicht und versucht, Abwechslung reinzubringen. An die Rezeption lassen sie dich ganz am Anfang natürlich nicht, aber du wirst auch nicht vier Wochen lang durchgehend Zimmer putzen müssen.«

»Ich hoffe. Was Anderes: Der Träger ist doch höchstens vierzig. Wie kommt's, dass ihm das alles gehört? Und was sagt dein Schwulenradar eigentlich zu ihm? So heftig, wie er auf die Bemerkung von Lorenz reagiert hat … Und er hat sich zwar umgedreht, als ich letzten Samstag die Kellnerhosen anprobiert habe, aber so wie er mich danach gemustert hat … also, ich fand's etwas merkwürdig.«

»Also, er ist achtunddreißig, geschieden, und hat zwei Kinder. Er hat ein Haus irgendwo, aber auch hier im Hotel eine kleine Suite, in der er öfter übernachtet. Er hat alles vor etwa vier Jahren geerbt, als sein Vater bei einem Unfall ums Leben kam. Der hatte mich noch eingestellt. Der Großvater hatte schon angefangen, aus einem Dorfgasthof mit Landwirtschaft und ein paar Fremdenzimmern ein Hotel zu machen, das nach und nach immer größer wurde. Seit die S-Bahn hier raus fährt, wird immer mehr Bauland ausgewiesen, und dann finanziert ein Acker einen Hoteltrakt. Die Bauern hier im Speckgürtel sind alle Millionäre geworden. Aber Christoph lässt es zumindest nicht raushängen.«

»Er wirkt nicht arrogant, das nicht, nein. Aber sag mal, mir ist aufgefallen, er redet die meisten mit ›Sie‹ und Vornamen an. Aber den Oberkellner nennt er ›Herr Huber‹«.

»Der legt Wert darauf. Aber er duzt den Chef, weil er ihn schon als Kind kannte, der Huber ist seit Ewigkeiten hier. Und Ferdl duzt grundsätzlich jeden, egal wie er angesprochen wird, er kann sich das erlauben. Was der dem Haus an Handwerkerrechnungen spart, weil er einfach alles kann … Jeder weiß, das ist der Ferdl, der ist so. Willst du noch was?« Er deutet auf mein leeres Eisschälchen.

»Ich will eher noch mal!« Ich deute woanders hin.

Patrick will auch, wieder in der Küche, genau wie vorhin, nur mit vertauschten Rollen, und so stehe nun ich gebeugt über der Arbeitsplatte, mein Loch und seinen Schwanz hat er eingeölt, und nun bürstet er mich.

»Hattest du … nach dem Hauptmann … noch mal einen drin?«, presst er abgehackt heraus.

»Hinten nicht … ah … nur vorne … Slobo will jeden Morgen … bedient werden …«

»Ja, Slobo, ich weiß …«, damit stellt er die Konversation ein. Ist mir auch lieber, ich schalte mein Gehirn aus, es ist sowieso kaum durchblutet, das ist alles in meiner beinharten Latte, und mein Nervenzentrum liegt momentan in meinem Mösenring. Das Öl ist ein gutes Schmiermittel und Patrick ist ein guter Ficker, er hat einen schönen Rhythmus, in dem er ein- und ausfährt und meinem Hintern einen Besuch abstattet.

Ich bin läufig wie noch was, strecke ihm meinen Allerwertesten entgegen, er versteht, legt einen Zahn zu, heftig rammelt er mich jetzt, bis es ihm kommt und diesmal er mich abfüllt. Mit seinem Steifen hinten drin gebe ich es mir selbst, sein Küchenschrank kriegt schon wieder was ab.

»So langsam müssen wir los«, meint Patrick. »der Abendessenstermin um zehn ist für den Nachtportier blöd, weil da die Schicht beginnt. Wenn ich Dienst habe, lasse ich mir von den Köchen immer schon vorher was geben. Du wirst noch warten müssen.«

»Kein Problem, gehen wir.«

»Der Hauptmann ist übrigens heute abgereist«, erzählt Patrick auf dem Weg zum Hotel.

»Weiß ich, ich habe ihn gesehen, als er mit Gepäck zur Rezeption ist. Hat sogar genickt. Ist der so etwas wie der typische Interessent? So machomäßig, meine ich.«

»Typisch kann man nicht sagen. Sicher, der Hauptmann ist eindeutig ein schwuler Top, das ist die Mehrzahl. Es gibt aber auch welche, da merkst du genau, sie wollen, aber sie drucksen so rum, dass du fast Mitleid kriegst. Manchmal habe ich das Gefühl, da will es einer nur zur Abwechslung, vielleicht sogar zum ersten Mal, mit einem Burschen probieren. Und die meisten wollen zwar bumsen, aber andere halten lieber selber hin. Mir ist das auch recht, ich bin nicht so auf irgendwas festgelegt.«

»Hab ich gemerkt«, grinse ich ihn an. »Wie ist das eigentlich, wenn du als Nachtportier allein da an der Rezeption sitzt? Keine Angst?«

»Manchmal kommt es zu unangenehmen Situationen mit betrunkenen Gästen, aber Angst würde ich nicht sagen. Es gibt einen Notrufknopf, der bei der Polizei einen Alarm auslöst, und außerdem ist die Lobby videoüberwacht.«

»Wirst du denn gerade nachts angemacht?«

»Kommt vor, weil manche denken, der ist allein und keiner hört mit. Aber nachts kann ich ja normalerweise nicht weg, selbst wenn ich möchte. Die Meisten verstehen das, aber oft sind sie grade so richtig akut notgeil, das ist dann blöd. Wenn mir einer gefällt, erwähne ich meine Dienstzeiten. Den Hinweis verstehen sie, aber selbst wenn einer nicht am nächsten Morgen schon abreist, wird das schwierig, zumindest bei Gästen, die mit ihrer Firma oder einer Gruppe hier sind. Die haben tagsüber irgendwelche Veranstaltungen und dann gemeinsames Abendessen, da können sie sich nicht ausklinken, weil sie den Nachtportier bumsen wollen. Am ehesten kommt in der Regel die Zeit vor dem Abendessen in Frage, das ist aber auch schwierig, weil ihre Seminare, oder was auch immer, oft länger dauern als geplant.«

»Moment. Du hast gesagt, du kannst ›normalerweise‹ nachts nicht weg. Was heißt das?«

»Na ja, wenn einer gar nicht locker lässt und ich ihn wirklich ausgesprochen geil finde, muss ja auch der Nachtportier mal aufs Klo. Dann stelle ich ein Schild hin: ›Komme gleich wieder‹. Das muss dann aber wirklich schnell gehen.«

»Ein Quickie auf dem Klo? Und wenn jemand dazukommt?«

»Sehr unwahrscheinlich um die Zeit. Also, es lässt sich leichter was arrangieren, wenn du Früh- oder Spätdienst hast. Und am öftesten wirst du übrigens angesprochen, wenn du als Page in der Livree draußen stehst. Manche wollen, dass du in diesem Aufzug zu ihnen kommst. Ist mir schon öfter passiert und letztes Wochenende auch Dominik wieder.«

»Ich hab ihn gesehen, ja. Der ist aber nicht schwul, oder?«

»Dominik nicht, nein.«

»Nehmen sich auch mal zwei Männer zusammen ein Zimmer?«

»Sicher. Das können einfach Arbeitskollegen sein, deren Firma sich die Kosten für zwei Einzel sparen will. Mitglieder eines Sportvereins, was weiß ich. Oder eben ein Paar.«

»Und wenn jemand, der ein Einzel gebucht hat, wen mitbringt?«

»Ist natürlich nicht erlaubt, aber wie soll man es kontrollieren? Ich habe ja nicht gesehen, wer tagsüber eingecheckt hat.«

Wir sind da, ich fummle meine Codekarte heraus, Patrick verschwindet in die Umkleide, ich setze mich in den Pausenraum, lasse mir noch mal durch den Kopf gehen, was er so alles erzählt hat.

Die nächsten beiden Tage passiert nichts Aufregendes. Morgens Slobo absaugen, tagsüber werkeln mit Ferdl, abhängen mit ein paar Kollegen, ratschen mit Patrick, abends bumsen mit Tobi, mal ich ihn, mal er mich.

Am Samstag früh kniet Tobi vor Slobo und nuckelt an dessen Zuckerstange, als ich ins Bad komme. Die beiden lassen sich nicht stören, im Gegenteil, Slobo bezieht mich in das Spiel ein, lässt sich von mir den Arsch auslecken und von Tobi vorne bedienen und bei uns allen dauert es nicht lang, bis der Morgendruck weg ist.

Danach steige ich in die Dusche, Tobi putzt Zähne, Slobo sortiert das Zeug aus der Wäschetonne. »Von wem ist die?« Mit spitzen Fingern hält er meine weiße Unterhose vom Mittwoch in Händen.

»Von mir, wieso?«

»Und was sind das für grüne Flecken? Grün? Häh?«

»Olivenöl.« Es ist mir etwas peinlich, aber mir fällt keine Ausrede ein.

»Gut. Probieren wir's heute Abend damit.« Ich weiß sofort, was Slobo meint.

14. Wochenende

Slobo macht wegen des Geldes oft Überstunden und arbeitet auch heute, aber abends will er in unserer kleinen Küche für uns drei was machen.

Ich habe Tobi überredet, mit mir in ein Möbelhaus zu fahren. Ich will meinem Zimmer zumindest ein wenig persönlichen Touch geben.

Mit einem Teppich, zwei Regalen in Einzelteilen, einer Stehlampe, einem vernünftigen Schreibtischstuhl und diversem Kleinzeug tuckern wir mit offener Heckklappe wieder nach Hause. Unterwegs muss ich noch tanken, das Geld rauscht nur so dahin.

Dominik hilft uns beim Hochtragen des ganzen Krempels, ihm fällt die Ordnung in unserer Küche auf. »Bei uns unten lässt jeder alles liegen und stehen, und keiner fühlt sich für irgendwas zuständig. Ich hab ein paar Mal was gesagt, seitdem spüle ich nur noch mein eigenes Zeug.«

»Wir könnten dir Slobo für eine Weile ausleihen. Der bringt Ordnung in den Laden.«

»Lass mal, ich glaube, der passt besser zu euch.«

»Wie meinst du das?«

»Ihr versteht schon, oder? Manchmal hör ich euch. Ob's die anderen auch schon mitgekriegt haben, weiß ich nicht, gesagt hat noch keiner was. Seid mal lieber leiser.« Dominik verabschiedet sich.

»Sind wir wirklich so laut?«

»Weiß nicht. Wenn mich Slobo so hergenommen hätte wie dich neulich, ich hätte gebrüllt wie am Spieß!«

»Oh, das war eine geile Nummer! Echt, Slobo ist gut!«

»Wenn du meinst … denkst du, Dominik behält das für sich?«

»Ich schätze ja, sonst hätte er es uns nicht gesagt, oder? Es kann uns zwar keiner was wollen, schließlich sind wir alt genug und Slobo ist nicht unser Vorgesetzter, trotzdem sollten wir … müssen ja nicht alle wissen.«

Tobi hilft mir noch, die Regale zusammenzubauen. Um die Dinger anzudübeln, werde ich mir nächste Woche bei Ferdl eine Bohrmaschine ausleihen.

»Danke, Tobi! Kann ich dich zu irgendwas einladen?«

Er sieht auf die Uhr. »Zwei. Noch eine halbe Stunde … du könntest mich hier rein einladen!« Seine Hand patscht auf meinen Hintern, bleibt dort liegen.

»Jederzeit!«

»Bist du auch dauernd geil?« fragt Tobi, während die Klamotten fallen.

»Vielleicht nicht dauernd, aber … doch, wenn ich ehrlich bin, schon. Zweimal am Tag brauch ich's mindestens. Das muss sein. Wollen würde ich öfter.«

»Ich auch! Eigentlich könnte ich ständig. Ich hole mir praktisch in jeder Frühstücks- und Mittagspause auf dem Klo einen runter, sonst laufe ich den ganzen Tag mit einem Steifen rum. Das mit Slobo heute früh ist schon sechs Stunden her. Sechs Stunden! Ich bin überfällig!«

»Ich auch! Komm!«

Ich ziehe ihn zu mir aufs Bett, da liegen wir nun, jeder mit dem Riemen des anderen zwischen den Wichsgriffeln, meine zweite Hand an seinem Sack, seine an meinem Hintern, Tobis Nille tropft schon, obwohl ich noch nicht mal daran geleckt habe. Das hole ich sofort nach, mit der Zunge bearbeite ich seinen Schaft, stecke mir das Ding ganz in den Mund, nehme mir mit der Zungenspitze seinen Pissschlitz vor, bis er mich von sich schiebt. »Hör auf, ich will doch in deinen Arsch!«

Wir haben nicht an Schmierzeug gedacht, das hole ich noch schnell, zusammen mit Tempos, dann bin ich dran. Ich soll mich auf die Seite legen, Tobi cremt mich ein, dann rückt er hinter mich, mit seinen Beinen drängt er meine auseinander, seine Latte stößt gegen meine Eier. Ich dirigiere das Ding an sein Ziel, mache mich locker, es klappt auf Anhieb, problemlos dringt er in mich ein und füllt meinen Arschkanal.

»Geht's?«, stöhnt er, wartet aber nicht auf die Antwort, er hat schon begonnen mit seinem Stößel in mir zu arbeiten. Obwohl er vermutlich nur zur Hälfte drinsteckt, hat er eine geile Technik drauf, er rührt fast in meiner Grotte und ich fasse mich selbst nicht an, um nicht eine vorzeitige Entladung zu provozieren.

»Warte!« Tobi dreht sich auf den Rücken, zieht mich mit, nun hocke ich auf ihm, muss meine Beine erst sortieren, dann geht's wieder. Er sieht nur meinen Rücken, ich kann zwischen unseren Schenkel mit zwei Klötensäcken spielen, oder ich befingere die Wurzel des Stamms, der mich aufbohrt, oder ich spiele mit meinem eigenen Kolben.

»Reit mal richtig!«, stöhnt er, und ich hebe den Hintern, lasse mich fallen, jetzt ist er ganz drin, weiter geht's nicht, dazu konzentriere ich mich nun ganz auf seine Klunker, mit je drei Fingern massiere ich diese empfindlichen Dinger, das macht ihn fertig, ich spüre, wie er mich schnaubend mit seinem Schleim abfüllt.

Ich reite wieder, während ich mich selbst fertig mache, und mit einem heißen Schwanz im Arsch bin ich bald fertig, lasse mein Zeug raus, bemühe mich krampfhaft, nicht aufzuschreien, weil wir Idioten nicht mal das Fenster zugemacht haben.

Auf dem Weg zum Mittagessen winkt mich Simon zur Rezeption. »Post für dich, heute gekommen. Lass dir dein Zeug doch bitte an eure eigene Hausnummer schicken.«

»Die habe ich denen, die mir schreiben könnten, schon gegeben … danke, Simon.«

Es gibt keinen Absender und die Schrift kenn ich nicht. Neugierig reiße ich den Brief auf und finde darin ein weiteres Kuvert mit meinem Namen und fett »Persönlich«. In dem zweiten Umschlag drei Sachen: Ein Zettel »Ich hatte einen angenehmen Aufenthalt« mit einer Telefonnummer.

Ein Hunderter. Ein Foto, auf dem der Schwanz des Fotografen in einem vor ihm knienden Arsch steckt. Ich weiß, wessen Schwanz das ist. Und wessen Arsch. Meiner.

»Felix, was ist? Kommst du?« Tobi wird ungeduldig.

»Moment. Sieh dir das an!«

Auch ihm ist sofort klar, von wem das kommt. »Der Hauptmann. Und du. Hast du das gewusst mit dem Foto?«

»Nein! Wär ich nie einverstanden gewesen! Hier ist ja niemand zu erkennen, aber wer weiß, ob er mehr Aufnahmen gemacht hat! Scheiße!«

»Warte!« Tobi hat das Bild umgedreht. »Hier steht: ›Das einzige Foto! GH‹. Gotthart oder so ähnlich Hauptmann. Das kannst du jetzt glauben oder nicht.«

Ich überlege. »Wieso macht er mich überhaupt darauf aufmerksam, dass es mindestens ein Foto gibt?«

Darauf wusste Tobi auch keine Antwort. Wir sind zum Essen und nun sitze ich grübelnd vor meinem vollen Teller und habe noch kaum was angerührt, als Slobo dazukommt. »Schmeckt's dir nicht?«

»Doch Slobo, aber …«

»Er hat ein Problem«, fällt mir Tobi ins Wort. »Das können wir aber nicht hier bereden.«

Slobo runzelt die Stirn. »Ich habe bis um sechs Dienst. Dann kochen wir drüben und können reden, wenn du willst.«

In unserer Küche gibt es nur zwei Herdplatten und eine Mikrowelle, aber Slobo schafft es, damit ein richtig gutes kroatisches Abendessen hinzukriegen. Ich habe dazu zwei

Flaschen dalmatinischen Wein besorgt, das freut ihn, er gibt noch einen Slibowitz aus, und so ganz nüchtern bin ich nicht mehr, als wir Slobo Hauptmanns Zettel und das Foto zeigen.

»Hast du ihn schon angerufen?«

»Nein.«

»Er erwartet das, sonst hätte er seine Nummer nicht dazugeschrieben. Musst du wissen, ob du das auch willst. Auf dem Bild, das kann jeder sein. War's denn geil?«

»Ja, das schon. Aber er hat gesagt, er glaubt, dass ich nicht wegen des Geldes bei ihm war, trotzdem schickt er mir einen Hunderter. Das passt doch nicht! Er denkt, weil er Kohle hat, kann er mich kaufen.«

»Nicht unbedingt. Er hat es dir nicht gleich danach geben, wie am Tag vorher, sondern jetzt, viel später. Nimm's als Geschenk.«

»Ich ruf ihn morgen an. Und wenn er mich am Telefon als Nutte oder so ähnlich bezeichnet, schicke ich es ihm zurück. Patrick wird seine Adresse schon rauskriegen.«

»Mach das«, nickt Slobo. »Jetzt zu uns: Ich habe gekocht. Wenn ihr abgespült habt, dürft ihr zu mir kommen.« Abgang. Eine Flasche Olivenöl nimmt er mit.

Slobo lümmelt in seinem Bett, nackt und erregt, was kein Wunder ist, denn auf dem großen Bildschirm an der Wand gegenüber läuft ein harter Porno. Er klopft zu beiden Seiten neben sich auf die Matratze, die Geste ist nicht misszuverstehen, und ruck zuck hocken wir völlig nackt neben ihm. Fast genauso schnell wächst meine Rübe angesichts des Geschehens im Film: Ein geradezu überdimensioniert muskulöser Bodybuilder mit Wanderschuhen, einem Pfadfinder-Halstuch und sonst nichts, hat gleich vier ganz junge Bürschchen, alle auch noch mit Teilen ihrer Pfadfinder-Kluft am Leib, um sich. Zwei kümmern sich um das Rohr des Riesen, einem steckt er die Zunge in den Rachen, den vierten hat er am Pint gepackt.

Slobo hat seine Arme um uns gelegt, Tobis und meine Finger treffen sich an seinem Riemen, so verfolgen wir, wie der Leitwolf das Jungvolk hernimmt: Alle vier zieht er durch, alle schreien sie auf, wenn das Monstrum des Chefs ihre jungen Fötzchen sprengt.

»Warst du bei den Pfadfindern, Slobo?«

»Ja, war ich. Beim Schwimmen haben alle gesehen, wie gut es der liebe Gott mit mir gemeint hat. Unser Rudelführer hat mir dann gezeigt, was man mit dem Ding da unten so machen kann .... Waren genügend neugierige Kerlchen dabei, die es mit mir probieren wollten.«

»Wenn dein Ding damals schon so groß war, werden sie gebrüllt haben wie die in dem Film grade.«

»Wenn sie erstmal zugeritten waren nicht mehr ... kümmert euch mal um mich!« Slobo drückt unsere Köpfe runter, in seinen Schoß, zusammen lecken wir seinen Schaft, saugen an seinen Hühnereiern, er lässt sich bedienen. »Hab mir was überlegt«, brummt er, »damit Felix nicht plärrt und Dominik das hört. Tobi, erst bumst du ihn. Dann ich. Macht mal!«

»Ich will dich aber auch hinten drin haben!«, mosert Tobi.

»Schön, dann … du fickst Felix weich, zugleich ich dich, und wenn du fertig bist, nehm ich ihn mir. Na los!«

Wir machen. Ich knie doggymäßig da, meine Grotte mit etwas Öl gängig gemacht, Tobi hat bei mir eingefädelt, zieht mich durch, ist aber nicht ganz bei der Sache: »Slobo, du hast versprochen, dass du mich fickst! Was ist denn?« Er kann es gar nicht erwarten.

Slobo grunzt nur, doch ich merke sofort, als er Tobi besteigt. Erstens klammern sich nun vier Hände an meine Hüften, zweitens stößt nun Slobo zu, und obwohl Tobi als Stoßdämpfer zwischen uns klemmt, macht das einen gewaltigen Unterschied!

Die doppelte Reizung vorne und hinten treibt Tobi recht schnell zum Orgasmus, es ist ja auch schon wieder sechs Stunden her, seit er mit mir … Er ist überfällig. Er pumpt mir seine Soße hinten rein, stöpselt sich aus, lässt sich aufs Bett fallen.

Slobo begutachtet mein Loch. »Geht«, stellt er fest, rückt zu mir, bis sein Harter an meinem Eingang anklopft, dann hält er inne. »Spieß dich selber auf!«, sagt er, und langsam und vorsichtig komme ich ihm entgegen, immer stärker dehnt sich meine Rosette, ich mache eine Pause, gefühlt zerreißt es mich schon. »Gleich haben wir's!«, knurrt Slobo, er gibt jetzt Druck, seine Nille ist drin, meine Grotte krampft um seinen Pfahl, und ich schreie in sein Kissen.

»Schsch …« Slobos Finger streichen über meinen Rücken, langsam dringt er weiter in mich, das geht jetzt, sein Kolben ist gleichmäßig dick, und dieses Riesending drin zu haben hat was, ja, wenn es erstmal drin ist… Slobo bumst mich nun, nicht so wild wie neulich Tobi, aber er vögelt sich in mir aus, und Tobi kriecht unter mich, saugt an meinen Zapfen, und ich schreie schon wieder ins Kissen, als es mir in seinem Mund kommt. Slobo merkt das, legt einen Zahn zu, er quetscht sich geradezu in mich, füllt mich ab, im Magen ungefähr.

Am Sonntagvormittag hat Slobo ein Fußballspiel, Tobi geht mit, zuschauen, das verkneife ich mir. So lahm, wie das letztes Mal war… muss nicht sein.

Ich schaue das Foto noch mal genau an, ehe ich so gegen elf Hauptmann anrufe. Seinen Schwanzkopf sieht man nicht, der steckt in mir drin, aber die Länge und Dicke seines Mastes sind, wie mein Arsch bei dem Fick bereits registriert hat, eher überdurchschnittlich, und weshalb ich das nicht sehen sollte, kapiere ich nicht. Wie fast erwartet erreiche ich nur eine Mailbox, bestätige den Eingang des Briefs, will schon wieder auflegen, als Hauptmann sich meldet. »Hallo Felix. Bei unbekannten Nummern gehe ich nicht gleich dran.«

»Verstehe ich. Das mit dem Foto verstehe ich nicht! Davon war nie die Rede!«

»Ich weiß. Aber ich versichere dir, es ist das Einzige. Niemand kann dich erkennen.«

»Auf diesem Bild nicht. Dass es sonst keine mehr gibt, kann ich glauben oder auch nicht. Wieso haben Sie mir das überhaupt geschickt?«

»Nimm's als Erinnerung an einen geilen Abend.«

»Was?«

»Du kannst nicht abstreiten, dass es auch für dich geil war!«

»Will ich auch gar nicht, aber …«

»Na also. Hast du's grade zur Hand und bist du allein?«

»Wieso?«

»Weil du jetzt sofort deinen Schwanz rausholen und dir auf das Bild einen runterholen wirst, hast du verstanden?«

»Was?«

»Du weißt, dass ich keine blöden Fragen will! Leg das Telefon weg und besorg's dir selbst! Ich höre doch, dass du schon einen stehen hast! Und glaub mir, ich merke, ob du mich verarschst oder ob du wirklich kommst! Fang an!«

Er hat recht, ich habe einen stehen. »Machen Sie mit?«

»Das geht dich nichts an! Wichs endlich!«

Zumindest in meinem Kopf macht er mit. Wieso sonst sollte er mich so anblaffen? Das ist seine Art, wenn er selbst geil ist! Und ich hätte nichts dagegen, wenn er mich jetzt so wie auf dem Foto … Telefon auf den Schreibtisch, auf laut stellen, Hose runter, Hand anlegen, »Ich fang jetzt an!«

»Zeit wird's!« Wenn ich mich nicht sehr täusche, höre ich durch das Telefon einen Reißverschluss. Der wichst jetzt garantiert auch! »Steck dir zwei Finger in den Arsch und fick dich selber!«, bellt er.

Ich speichle meine Griffel ein, schiebe sie in mein gieriges Loch, melde Vollzug: »Finger sind drin!«

Heftig schnaufend befiehlt er »Drinlassen. Und abwichsen!«

»Jaaah!« Mit beiden Händen bearbeite ich mich, stöhne dazu, er wird mich hören, in meinem Kopf macht es Klick, »Gleich!« schreie ich. »Gleich kommt's mir! Ich … jaah …!«

Auf den Schreibtisch spritze ich, sogar das Foto und mein Handy kriegen was ab, Schnauben dringt aus dem Telefon, und ehe ich irgendwas sagen kann, hat er aufgelegt.

Tobi und Slobo sind zurück. Der FC Croatia hat 4:0 gewonnen, Slobo hat zwei Tore geschossen und schildert mit stolzgeschwellter Brust, wie er die Gegner hat stehen lassen. Als er zum vierten Mal ansetzt, die Geschichte zu erzählen, unterbreche ich: »Du bist der Größte, Slobo. Wir wissen es.«

»Und ich habe den Größten!« Er plustert sich gleich noch mehr auf. »Hast du den Hauptmann angerufen?«

»Ja, hab ich.« Weil sie sowieso nachhaken würden, erzähle ich gleich alles.

15. Zimmerservice

Herr Schuster hat mich für zwei Wochen Zimmerservice eingeteilt. Leider nicht als Etagenkellner, was mir gefallen würde, sondern als Putzmann, und so helfe ich nun schon den dritten Tag Maria aus Portugal bei der Zimmerreinigung. Die Putzleute bekommen jeden Morgen Listen, welche Zimmer nur zu putzen sind, weil die Gäste noch bleiben, und wo auch Bettwäsche und Handtücher zu wechseln sind. Im Haus gibt es mehrere Kammern mit Staubsauger, Putzwagen, allen nötigen Utensilien und frischer Wäsche.

Am Anfang hat mir Maria gezeigt, was zu tun ist. Bis auf faltenfrei Betten beziehen alles kein Problem, man darf nur nichts vergessen. Inzwischen lässt sie mich in einem Stockwerk allein werkeln und kontrolliert dann nur, ob ich an alles gedacht habe.

Die meisten Zimmer haben zwei Betten, sind aber nur von einer Person belegt, diese Woche ist die Tagung irgendeines Industrieverbandes im Haus. Es sind überwiegend Männer, an Pyjama, Rasierapparat, Kulturzeugs klar erkennbar, wobei es erhebliche Unterschiede gibt:

Manche haben außer Zahnbürste und -creme fast nichts, andere eine halbe Drogerie. Und bei manchen sieht das Zimmer aus wie nach einem Bombenangriff, bei anderen ist kaum was aufzuräumen.

Selbstverständlich putzen wir auch in ordentlichen Zimmern. Als ich mich gerade im Bad eines solchen Gastes mit Gummihandschuhen und Viss über das Waschbecken hermache, höre ich ein Geräusch von draußen und rufe: »Maria, ich bin im Bad!«

»Wie bitte?« Ein mittelalter Mann im Anzug steht in der Tür. »Was sagten Sie?«

Es muss der Bewohner dieses Raums sein, sonst wäre er hier nicht reingekommen. »Oh! Bitte entschuldigen Sie, ich dachte, meine Kollegin … ich mache später hier weiter.«

»Lassen Sie sich nicht stören. Wir haben nur gerade Pause.«

»Es ist wirklich kein Problem …«

»Nein, nein, bitte bleiben Sie … wegen des Wagens draußen dachte ich schon, hier putzt vielleicht gerade jemand, ein junger Mann war es allerdings erst einmal. Sind Sie neu?«

»Ja, erstes Lehrjahr. Sie sind öfter hier und kennen einige Kollegen?« Freundlich, offen, sehe ich ihn an.

»Viermal im Jahr, Quartalstreffen unseres Verbands. Vom Sehen kenne ich einige vom Personal, ja. Der junge Mann war auch Azubi. Jakob, wenn ich mich recht erinnere. Sehr freundlich und hilfsbereit.«

»Jakob, ja. Wir wohnen zusammen mit zwei weiteren Kollegen in einer Art WG hier im Personaltrakt. Er ist momentan in Urlaub, aber falls Sie irgendeinen besonderen Wunsch haben, bin auch ich gern behilflich.«

Er erwidert meinen Blick, steckt sehr betont eine Hand in die Hosentasche, meine Augen folgen seiner Bewegung.

»Leisten Sie mir ein wenig Gesellschaft?«

»Tut mir leid, aber jeden Moment kann meine Kollegin auftauchen … sonst gerne.«

»Schade. Würde mich gern mit … dir … unterhalten.« Unübersehbar würde er gern was anderes. »Moment. Warte.« Er verschwindet kurz aus meinem Blickfeld, ich höre etwas Metallisches, dann ist er schon wieder da: »Ich habe die Kette vorgelegt. Wollen wir?«

»Aber wirklich nur ganz schnell …« Ich will aus den Handschuhen schlüpfen, da geht er dazwischen: »Lass die Dinger an und komm her!« Er liest mein Namensschild, fummelt schon an seiner Hose rum, sie fällt, ebenso der Slip, ein Fleischspieß reckt sich mir entgegen, und ich mühe mich vergeblich, mit diesen knatschgelben Dingern an den Händen den Zipper des Reißverschlusses zu fassen zu kriegen.

»Ich helfe dir!« Er befreit mich von Jeans und Unterhose, geht vor mir in die Knie, stöhnt »Du hast einen geilen Schwanz! Ich will deine Soße schlucken! Spritz mir ins Maul!« Er nimmt meinen Dödel in den Mund und ich bin etwas verdattert. Ich war auf andersrum eingestellt.

Aber schließlich, was tut man nicht alles für die Zufriedenheit des Gastes … zumal, wenn dieser Gast ein sehr versierter Bläser ist! Seine Zunge spielt mit meiner Nille, besonders intensiv mit dem Schwanzauge, dann schluckt er wieder meine ganze Stange und presst seine Stirn gegen meinen Bauch. Zwischendurch linst er nach oben, Hundeblick, er will benutzt werden. Ich packe seinen Kopf, verpasse ihm einen Maulfick, seine Hände klammern sich an meinen Hintern, kneten meine Arschbacken, und ich stoße zu, wenn er es so will, bitte, er soll auch mit meinem Service zufrieden sein! »Komm! Bitte!«, quetscht er kaum verständlich hervor, »ich … aaahh!«, unüberhörbar kommt es ihm, ich lege einen Zahn zu, und jetzt, ja, jetzt kriegt er eine ordentliche Maulbesamung!

Zum Anziehen streife ich die Handschuhe ab, dann werfe ich einen Blick in den Flur, aber es ist niemand da. Maria scheint noch eine Etage tiefer zugange zu sein.

»Alles in Ordnung, Herr … äh?« Ich bin lieber etwas vorsichtig, wer weiß, wie er drauf ist, wenn die Geilheit weg ist.

»Lass den Herrn, ich heiße Rainer. Alles in Ordnung. Bei dir auch? Fandest du's geil?«

»Hast du das nicht gemerkt?«

»Doch. Es war ziemlich viel, was du mir … Möchtest du … Ich meine, heute Abend wäre Zeit für mehr … Wenn du Lust hast, noch mal mit mir … Ich werde so ab halb neun hier sein. Komm doch vorbei!«

Ich habe es nicht versprochen, aber ihm Hoffnung gemacht. Auf den ersten Blick hatte ich ihn, mit dem Anzug, so eingeschätzt wie den Hauptmann, also Macho, Top, Hengst, dabei ist er wohl das glatte Gegenteil. Um rauszukriegen, was mich abends womöglich erwartet, rufe ich Jakob an, der muss es schließlich wissen.

»Warte kurz«, sagt er nach meinen Fragen. Ich höre eine Unterhaltung, Schritte, die Stimmen werden leiser. »So, jetzt. Ja, der ist anders, der will, dass du der Aktive bist. Ihn bumst. Und dich vorher und nachher mit ihm unterhältst. Der will wirklich Gesellschaft haben. Er hat übrigens einen Titel, Doktor Rainer Schmidt. Und du tust ihm einen Gefallen, wenn du ihn beim Ficken beschimpfst und vorher ordentlich was trinkst.«

»Ich soll mich besaufen?«

»Blödsinn. Du sollst ihn vollpinkeln. Weiß nicht, ob du das machst, aber ihm wird's gefallen. Wenn du sagst, du musst mal, wird er mit der Sprache rausrücken. Kannst es dir ja überlegen. Der tut dir nix und gibt dir hinterher auch was, aber sag einem von den anderen Bescheid, ehe du hingehst, ja?«

Tobi hat diese Woche wie ich Frühdienst, Slobo Spätschicht, mit ihm läuft also nichts, denn wenn er heimkommt, pennen wir schon, und wenn wir aufstehen, er noch. Er hat mir gesteckt, dass die zweite Lidl-Unterhose bei seinen Selbstentladungen zum Einsatz kommt, Ende der Woche werde ich sie kriegen. Und wir haben das System mit den Türschildern ergänzt: Ein gelbes

Post-It oben auf dem grünem Türschild bedeutet »Ich will bumsen!«, unten »Fick mich!«, in der Mitte »Hauptsache Sex!«

Zwischen Tobi und mir hat sich das schon bewährt, wobei es bei uns einfach ist, da wir beide den Zettel in die Mitte pappen, und dann ergibt sich schon was.

Heute lasse ich das Post-It weg, als ich nach der Arbeit das grüne Schild an meine Zimmertür hänge. Tobi fragt natürlich nach, versteht. »Würde ich an deiner Stelle auch.«

So ab sieben trinke ich schon mal eine ganze Flasche Wasser.

Rainer freut sich, als ich kurz nach halb neun bei ihm klopfe. »Felix, schön, dass du hier bist. Komm rein!« Er hat sich umgezogen, wirkt jetzt mit Poloshirt und Jeans jünger, wie Roberto vielleicht. Er bittet mich zum Tisch. »Setz dich. Möchtest du was trinken?« Er hat mit mir gerechnet, eine Flasche Wein, Wasser, und vier Gläser stehen bereit.

Wir stoßen an, dann möchte er wissen, wie lang ich Zeit habe.

»Ab zehn gibt's für das Personal Abendessen. Da habe ich dann auch Hunger.«

Das nimmt er als Aufhänger für ein Gespräch über meine Arbeit hier, wie's mir gefällt, was ich so mache. Jakob hat recht, der will Gesellschaft. Wir unterhalten uns eine ganze Weile, dann werde ich aktiv. Komisch, so einem älteren Typ gegenüber. »Wollen wir hier weiter quatschen oder was?« Ich knöpfe schon mal mein Hemd auf.

»Darf ich dich ausziehen?« Er steht vor mir, eine Beule in der Hose.

Er zieht sich und mich aus, aber ich bremse, als er an meinem angegeilten Dödel lutschen will. »Ich muss erst pinkeln. Dann bist du dran.«

Er schluckt, sein Rohr wird gleich noch härter. »Darf ich dir zuschauen?«

»Beim Pissen? Meinetwegen.« Manche Typen können ja nicht, wenn einer daneben steht, aber mir macht das nichts aus.

Als ich im Bad den Klodeckel hochklappe, hält er mich auf. »Warte.« Er zieht mich zur Dusche, setzt sich auf den Boden, schaut erwartungsvoll zu mir hoch. Ich hab noch nie was mit Pisse gemacht, und würde mich nicht so wie er hinhocken, aber schließlich … ich tu ihm einen Gefallen, eindeutig, und so lasse ich es laufen, ziele auf sein Gemächt, er glotzt mit Stielaugen auf meinen strullenden Schniedel, rückt näher, nimmt mein Ding in den Mund, säuft das Zeug direkt an der Quelle.

Als nichts mehr kommt, beginnt seine Zunge ihr Werk, und er ist wirklich ein geübter Bläser, schnell hat er meinen Kleinen groß gemacht und damit stopfe ich ihm nun das Maul. Er bearbeitet mit einer Hand sich selbst, spielt mit der anderen mit meinen Klöten, gekonnt, sehr gekonnt kitzelt er mir den Saft aus den Eiern, den ich in seinen gierigen Schlund spritze während er meine Füße bekleckert.

Wir haben geduscht, bei einem weiteren Glas Wein hat er von seiner Arbeit erzählt, und als ich mich verabschieden will, um zum Essen zu gehen, fragt er, ob ich nicht danach noch mal kommen will. »Unsere Tagung ist morgen vorbei. Und wir könnten noch …«

Wir könnten noch, ja. Ich weiß, was er will. Bumsen soll ich ihn. In den Arsch ficken.

»Alles klar?« fragt Tobi beim Abendessen.

»Alles klar. Wir treffen uns nachher noch mal.«

»Oha! Dann werde ich pennen, wenn du zurückkommst … viel Spaß.«

Wie vorher bietet Rainer erst was zu trinken an, dann zieht er uns aus. Ich pinkle in der Dusche, weil er da besser zusehen kann, und er steht vollsteif daneben. »Wollen wir gleich hier?«, schlägt er vor.

»Lieber im Bett. Und was willst du eigentlich?« Ich weiß es ja, aber ich will's hören.

Er ist in die Knie gegangen, leckt die letzten gelben Tropfen von meinem Schwanz, sieht zu mir hoch. »Ich will ihn hier im Arsch! Fick mich durch! Komm!« Er zieht mich zum Bett, auf dem Rücken liegend reißt er den Mund auf, streckt die Zunge raus, ich denke, er will noch mal blasen, doch nein, ich soll mich auf ihn setzen, meinen Arsch lecken will er!

Ein irres Gefühl, wie er mich da hinten behandelt. Eine raue Zunge schlabbert über meine Spalte, die Spitze bohrt sich in meine Grotte, und Tobi hat zwar schon mal meinen

Hintereingang eingespeichelt, doch dieser Rainer spielt in einer anderen Arschlecker-Liga! Sein Gesicht ist mein Sitz, hechelnd liegt er unter mir, ein richtiger Mann der hingebungsvoll meine junge Arschmöse beleckt.

Mit nur ein bisschen Wichsen käme ich schnell ganz sicher zu einem Mega-Orgasmus, aber schließlich will er ja … und er ist der Gast.

»Genug! Dreh dich um! Jetzt bist du dran!« Ich habe Hemmungen, jemandem wie ihm zu sagen *Ich will dich ficken*!

Kaum habe ich meinen Hintern gelüpft, legt er sich auf den Bauch, macht die Beine breit, seine Kimme klafft weit offen, seine Kiste ist ziemlich behaart, nur um das Loch muss er sich rasiert haben, blitzblank und zitternd erwartet es meinen Prügel.

Er hat aus dem Bad Gel mitgebracht, das lasse ich nun in seine Ritze tropfen, verschmiere es, bohre mit den Fingern vor, er stöhnt auf, »Fick mich! Komm, fick mich, Felix!«

Es flutscht, völlig problemlos gleitet mein Harter in seinen Arschkanal, gleich ganz rein, bis sich meine Lenden gegen seinen Männerarsch pressen und es nicht mehr weitergeht. Ich mache kurz Pause, wenn ich jetzt losrammle, kommt es mir garantiert sofort, und er soll doch was von meinem Fick haben!

Vielleicht versteht er meine Absicht, jedenfalls hält auch er still, bis ich das Gefühl habe, es geht wieder, und ihn nun bumse. Jakob kommt mir in den Sinn, Rainer will beschimpft werden, hat er gesagt, und so lege ich los:

»Jetzt fick ich dich durch, du Schlampe! Ich besorg's deinem ausgefickten Arschloch!«

Er stöhnt auf, ich stopfe ihn hart und fest, und ich habe mich verkalkuliert, es geht nicht mehr, es kommt, mit einem letzten Fickstoß ergieße ich mich in ihn, lasse mich auf seinen Rücken fallen. Scheiße, scheiße, scheiße, das war viel zu schnell!

»Du hast das noch nicht so oft gemacht, was?« Es klingt zumindest nicht sauer.

»Nein … nicht mit jemand wie dir … entschuldige, ich …« Ich weiß nicht, was ich sagen soll.

»Schon gut. Bleib einfach auf mir liegen.«

Das wollte ich jetzt auch, einfach liegen bleiben. Es ist schön, so die Erregung abklingen zu lassen, auf Rainers breitem Kreuz, seinem runden, weichen Hintern, mein Schwanz in seinem heißen Lustloch. Er rührt sich nicht, das Licht haben wir vorhin schon gedimmt, nur ein paar Minuten, dann steh ich auf …

Irgendwas bewegt sich unter mir, wie auf einem Wasserbett, und zugleich ist irgendwas mit meinem Pimmel, der scheint eingeklemmt, ich will mich losmachen, doch das geht nicht, etwas hält ihn fest … ich komme wieder zu mir, realisiere die Situation und was mich da festhält – Rainer spielt mit seinem Loch, kneift zu, macht auf, spannt seine Arschmuskeln an, lässt locker, er hat es geschafft, mir im Schlaf wieder eine Erektion zu verschaffen.

»Wieder wach?«

»Wie lang hab ich …? Entschuldige …« Ich weiß schon wieder nicht, was ich sagen soll.

»Vielleicht eine Viertelstunde. Kein Problem.« Mit seinem Mösenring massiert er weiter meine Latte. »Willst du noch mal?«

Und wie ich will! Jetzt ist er dran! Seine Bollen federn, wenn ich ihn in die Matratze knalle. »Gib's mir! Gib's mir!«, wimmert er, während ich ihn durchvögle. Ich bin geil, saugeil sogar auf diesen meinen ersten richtigen Männerarsch, ganz anders zu ficken als die schmalen, engen Kisten von Nico oder Tobi.

»Ja! Ja!«, feuere ich mich selbst an. »Ich stopf dir den Arsch, du Schwein! Ja!« Mit voller Wucht tobe ich mich in ihm aus, jetzt halte ich durch, schließlich ist das die vierte Nummer heute. Rainer hält hin, lässt sich bürsten, pudern, begatten, irgendwann kommt er mit dem Hintern hoch, das Kreuz drückt er durch, und dann kann ich doch nicht mehr an mich halten, viel ist es nicht, aber nochmal lade ich ab in seiner Lustgrotte.

»Bleib drin!«, winselt er. »Bleib drin!«, und dann wichst er sich selbst ab, fünf-, sechsmal krampft sein Loch, genauso oft spritzt er irgendwo rein.

Ich weiß genau, wenn ich nicht aufpasse und noch mal einpenne, liege ich morgen früh noch hier, und so mache ich mich nach ein paar Minuten Verschnaufpause auf ins Bad.

Rainer sitzt im Bett, sieht zu, wie ich mich anziehe. »War schön mit dir, Felix.«

»Ja, war schön. Meld dich, wenn du wieder mal kommst.« Auf dem Schreibtisch suche ich einen Zettel, notiere meine Nummer. »Hier. Ruf einfach an, ja?«

»Mach ich. Freut mich, dass du das sagst. Das Kuvert auf dem Schreibtisch ist für dich. Nimm's mit.«

»Rainer, ich war nicht deshalb hier.«

»Glaub ich dir. Nimm's trotzdem mit.«

16. Hotelpage

Tobi fährt übers Wochenende weg, in Slobos Dienstplan sind Überstunden eingetragen, Patrick wird auch arbeiten, und von ihm lasse ich mir am Freitag beim Frühstück schon Tipps geben, was ich am Wochenende unternehmen könnte.

Der Chef setzt sich kurz zu uns, steuert ein paar Ideen bei, ehe er einen Tisch weiterzieht.

Beim Mittagessen verkündet er, es gäbe eine gute und eine schlechte Nachricht. »Die Gute ist: Unser Kollege David ist heute Vater eines gesunden Buben geworden.« Allgemeiner Beifall. »Die schlechte Nachricht: Der Kleine wurde noch nicht jetzt erwartet, weshalb David später Urlaub geplant hatte und dieses Wochenende gearbeitet hätte. Herr Schuster und ich werden uns die Dienstpläne anschauen und vermutlich auf einige von euch zukommen, wofür ich um Verständnis bitte. Und nun weiter guten Appetit.« Er verschwindet.

»Was heißt das für uns?«, wende ich mich an Patrick, der bei Tobi und mir sitzt.

Schulterzucken. »Meines Wissens sollte er an der Rezeption sein. Sie werden Ersatz suchen. Wenn sie was von euch wollen, meldet er sich schon.«

»Ich nicht«, sagt Tobi gleich. »Meine Eltern haben Silberhochzeit. Das weiß er.«

»Sowas versteht er«, meint Patrick. »Du kannst das noch nicht«, wendet er sich zu mir.

Leuchtet mir ein. An der Rezeption werde ich niemand vertreten können.

Entsprechend erstaunt bin ich, als ich bald danach zum Chef gerufen werde.

»Zwei Sachen, Felix: Erstens, ich habe gehört, dass Sie für die Kellnerei mal einen Tag freinehmen. Sie bekommen dazu die Differenz zwischen Ihrem Stundenlohn und dem, was ein Aushilfskellner bekäme, mit der ersten Gehaltsabrechnung als Prämie.«

Das finde ich nun sehr anständig von ihm und bedanke mich ganz artig. »Mache ich jederzeit gern wieder. Oder wenn sonst kurzfristig mal jemand ausfällt. Wenn es etwas ist, das ich kann, und ich hier bin …«

»Danke für das Angebot, damit kommen wir nämlich zu zweitens: Dominik wird David vertreten, das ist bereits geklärt. Er hat schon öfter an der Rezeption ausgeholfen. Allerdings wäre er Samstagabend als Page eingeplant gewesen. Können Sie das übernehmen, Felix? Wenn es geht.«

»Sicher, mach ich.« Das werde ich wohl schaffen.

»Danke. Lassen Sie sich von Patrick einweisen. Die

Arbeitszeit können Sie ganz normal erfassen und dafür irgendwann freinehmen. Als Page hätten wir Sie im ersten Jahr sowieso eingesetzt, normalerweise zunächst mit jemand zusammen, aber Sie kriegen das auch allein hin. Reden Sie mit Patrick.«

Der Hinweis sollte wohl bedeuten, dass es für den Dienst als Page keine Prämie gibt, aber das wäre wohl auch etwas viel verlangt. Mit einem Nicken entlässt er mich, und Patrick bringt mich auf Vordermann bezüglich dessen, was mich erwartet.

Ich werde wohl die meiste Zeit rumstehen, grüßen, Löcher in die Luft starren, und gelegentlich beim Gepäck helfen. Handyspiele sind tabu, Musik hören geht, aber nur mit einem Ohr. Und ich solle Zündhölzer oder ein Feuerzeug einstecken, sagt er noch.

»Wieso denn das?«

»Damit du bereit bist, wenn dich ein freundlicher Herr um Feuer bittet.«

Von Dominik kriege ich die Zirkusdirektoren-Jacke und das Käppi. Hemd und Hose dazu habe ich schon, und im Ort kaufe ich mir noch bequeme schwarze Schuhe, denn meine sehen zwar gut aus, für viel Laufen oder Stehen sind sie aber definitiv nicht geeignet. Das Kellnern bei den Italienern hat mir einige Blasen an den Füßen beschert.

Am Samstag kommt endlich Slobo wieder zu seinem Recht. Für den Blowjob, den ich ihm morgens Bad gebe, kriege ich von ihm die Unterhose, in die er diese Woche regelmäßig abgespritzt hat. Das Ding ist so geil, dass ich mir nach dem Frühstück daran saugend gleich noch mal einen abrubble.

Um fünf trete ich in Uniform an. Um sieben wird eine größere Veranstaltung beginnen, zu der nach und nach die Gäste eintrudeln. Ich lächle, nicke, grüße, gelegentlich hält jemand direkt vor dem Hotel, dann hieve ich das Gepäck aus dem Kofferraum und bringe es zur Rezeption, manchmal gibt es dafür einen Euro oder zwei.

Nach halb sieben ist der große Andrang vorbei, bis um fünf vor noch ziemlich flott und mit quietschenden Reifen ein rotes Cabrio vorfährt, dem ein gutaussehender, gutgekleideter, etwas hektischer blonder Mann in Slobos Alter entsteigt.

»Guten Abend«, grüße ich. »Kann ich etwas für Sie tun?«

»N'Abend«, nickt er. »Haben Sie einen Führerschein?«

»Äh, ja.«

»Gut. Michael Weber mein Name. Bitte parken Sie den Wagen irgendwo und bringen Sie Schlüssel und Gepäck zur Rezeption. Ich komme sobald wie möglich dorthin. Bin in Eile! Danke!« Er hastet ins Haus.

Dass ich womöglich Chauffeur sein soll, hat mir keiner gesagt, aber hier kann das Auto unmöglich stehen bleiben. Also rangiere ich vorsichtig auf einen freien Platz und bringe den Rollkoffer des Herrn zu Dominik an die Rezeption.

»Ja«, sagt er, »Weber. Das war der Letzte von denen.«

Gelegentlich kommen oder gehen noch Gäste, an der Rezeption hat Patrick Dominik abgelöst, ich stehe mir die Füße in den Bauch.

Gegen neun taucht Weber wieder auf, entspannt jetzt. Er steckt mir einen Fünfer zu und bietet mir eine Zigarette an.

»Vielen Dank.« Den Fünfer stecke ich ein. »Und danke, nein.« Ich gebe ihm Feuer, dabei berühren seine Fingerspitzen die Meinen. Einige Sekunden zu lang.

»Weil Sie hier nicht dürfen oder weil Sie nicht rauchen?«

»Beides. Waren Sie noch pünktlich bei Ihrer Veranstaltung?«

»Gerade noch rechtzeitig, ja.« Er bläst Rauch in die Luft. »Wie lang sind Sie hier, Felix?«

»Bis um zehn. Dann gibt es Essen für das Personal.«

»Ich komme vorher noch mal vorbei. Jetzt muss ich meinen Koffer aufs Zimmer bringen.«

»Das kann ich gern für Sie übernehmen. Oder wenn Sie sonst etwas wünschen …«

»Sehr freundlich von Ihnen, danke.«

Wir holen bei Patrick seinen Koffer, dann verschwindet er wieder zu seiner Gruppe.

Ich habe das Gepäck weggebracht und lasse mich bei einem kurzen Stopp von Patrick in der Lobby fotografieren. »Was sagt dein Radar? Er will mich zum Rauchen noch mal besuchen.«

»Das könnte er auf der Terrasse auch. Der will was von dir, klarer Fall.«

Ich glaube es auch. Spätestens als ich ihm in seiner zweiten Raucherpause wieder Feuer gebe und er diesmal gleich meine Hand hält, bis das Streichholz runtergebrannt ist.

»Musst du nach der Pause wieder hier antreten, Felix?«

»Nein, um zehn habe ich Schluss und ab halb elf wieder Zeit, wenn Sie noch einen Wunsch haben.«

»Lass doch das *Sie*. Komm nach deiner Pause zu mir, wenn du magst.«

Im Bademantel und mit nassen Haaren öffnet er mir die Tür, und kaum bin ich im Zimmer löst er den Gürtel. »Wenn du willst… bedien dich!« Er ist weder so dominant wie Hauptmann, noch devot wie Rainer, sondern einfach nur geil. Wie ich.

Seine Rübe schmeckt nach Duschgel, vor ihm kniend nuckle ich daran, und als er den Bademantel hinter mir zusammenschlägt, sauge ich im Halbdunkel weiter, halte mich dabei an seinen drallen Hinterbacken fest. Es macht ihn an, er wird hart, prall, steif, mit Frotteestoff zwischen uns packt er meinen Kopf, wird aktiv, lässt sich nicht mehr nur blasen, er stößt jetzt zu, tief in meinen Schlund.

Selbstverständlich habe ich längst einen Ständer, der ins Freie möchte, ich komme nur nicht richtig dran, und so taste ich Michaels Körper ab. Vorne und hinten, von den Nippeln runter zu den Schenkeln, vom Rücken bis in die Kniekehlen, besondere Aufmerksamkeit widme ich natürlich seiner Kehrseite und da ganz besonders seiner Kimme.

Wollüstig grunzend lässt er mich machen, er vögelt mich gar nicht mehr ins Maul, ich bediene wieder ihn, lecke seinen Riemen und seine Eier.

»Warte!« Er lässt mich los, dreht sich, bückt sich, mein Kopf steckt nun unter der Rückseite des Bademantels und ich habe seinen Hintern vor mir. »Leck mich!«, stöhnt er, und sein Wunsch ist mir Befehl, ich beginne an der Rückseite das Sacks, arbeite mich langsam Richtung Loch, lasse meine Zunge zunächst darüber hinweg wandern, erkunde seine Ritze, alles riecht und schmeckt ein wenig nach … ich denke es ist Zitronengras, damit muss er geduscht haben.

Die Leckerei gefällt ihm, vor allem, als ich mich ganz seiner Arschmöse widme. Ich sehe kaum was, hier unter dem dicken Stoff, aber ich finde sein Lustzentrum auch so, meine Zungenspitze tastet alles ab, dringt ein wenig in ihn ein, lüsternes Aufjaulen ist der Lohn für meine Bemühungen.

»Hör auf!«, bremst er mich. »Sonst kommt's gleich!«

Er richtet sich auf, streift den Bademantel ab, völlig nackt steht er vor mir, und ich will mich jetzt dringend von meiner Hose befreien.

»Das mach ich«, hält er mich auf. Er zieht mich hoch, geht selbst in die Hocke, zieht mir die neuen Schuhe, Socken, Hose, Slip aus, ich mache mich obenrum frei, dann kümmert er sich um mich. Spielt mit meinen Eiern, leckt an meinem Schaft, steckt sich meine ganze Latte rein und bearbeitet mich in seiner Mundhöhle mit der Zunge.

Ich streiche durch sein Haar, genieße, seine Hände kneten mein Brötchen, ein nasser Finger erkundet meine Spalte, hält inne an meinem Stern, tastet sich langsam in mein Inneres vor, ich stöhne lauter, er versteht. »Ich werd dich durchbumsen!«

Er drängt mich zum Bett, ich lasse mich auf den Bauch fallen, mache die Beine breit, will ihn über mich drüber lassen, doch so passt es ihm nicht. »Ich will dich sehen, wenn ich's dir besorge«, presst er hervor, dreht mich auf den Rücken, stemmt meine Beine hoch und leckt nun mich aus. Meinen Sack, meine Spalte, sogar meine Muffe leckt er, dabei den Blick durch meine Oberschenkel hindurch starr auf mich gerichtet. Mein hochgradig erregtes, schon ölendes Rohr schubbert über meinen Bauch und mein gieriges Loch schreit geradezu nach einer Fleischfüllung.

»Fick mich doch! Komm, fick mich!«, fordere ich ihn auf und das gefällt ihm, ich soll so weitermachen, verlangt er.

»Ja! Sag, was du brauchst!« Er legt sich meine Beine über die Schultern, rückt näher, sein Pilzkopf wartet bereits direkt an meinem Eingang, lüstern funkelt er mich an: »Sag's noch mal!«

»Fick mich!«, stöhne ich, »fick mich doch endlich! Steck ihn reiii … aaah! Ja! Jaaah.« Er hat zugestochen, sein Bolzen steckt bis zum Anschlag in meiner Grotte, weiter geht es nicht.

»Gut?«, quittiert er mein Gejaule. »Gut? Sag's mir!«

»Gut! Ja! Saugut! Fick mich durch!« Endlich bockt er

mich und mein Arschkanal kriegt, was er braucht. Wimmernd lasse ich mich durchorgeln, Michaels blaue Augen und ein aufforderndes Nicken lassen keinen Zweifel an seinen Erwartungen, er will was hören, und so sporne ich ihn weiter an. »Ja, komm! Stopf mir den Arsch! Ich brauch's! Ich will deinen Schwanz drin haben! Gib's mir! Ja! Fick mich!«

Und wie er fickt! Heftig rammt er mich, bei jedem Stoß krümmt es mein Rückgrat noch mehr, mein Hintern hängt immer höher in der Luft, neben meinem Kopf stützt er sich ab, seiner kommt meinem immer näher, immer erregter ist sein Gesicht verzerrt, ich selbst kriege keine vollständigen Sätze mehr heraus, es reicht nur noch zu »Fick mich! Fick mich! Ja! Fick mich!«, nun greift er mit einer Hand unter meinen Kopf, zieht ihn ein wenig zu sich, presst seine Lippen auf meinen Mund, seine Zunge drängt in mich, er vögelt jetzt schneller, stoßweise geht sein Atem, ich fasse in seinen Nacken, mit der anderen Hand nach meinem bald platzenden Ständer, einige letzte, ganz harte Fickstöße noch, dann ist er soweit und entleert seinen Sack tief drin in meinem Darm, das Pumpen seines Kolben gibt mir den Rest, die Soße schießt aus mir heraus, besudelt mich selbst, vom Hals bis zum Nabel verteile ich das klebrige Zeug.

Heftig schnaubend liegen wir nebeneinander auf dem Rücken, Michael tastet nach meiner Hand, bleibt aber stumm, setzt sich nach einer ganzen Weile erst auf und sieht auf mich runter. »Du hattest wirklich Lust, was?«

»Sonst wäre ich nicht zu dir gekommen!«

»Erwartest du noch etwas von mir?«

»Falls du auf Geld anspielst: Nein! Das grade eben hat meine Erwartungen schon weit übertroffen! Mach das jetzt nicht kaputt!«

»Entschuldige, Felix. Ich wollte dich nicht beleidigen. Aber …«

»… dann lass das Thema. Du bist nicht der erste Gast, den ich besuche, und ich werde nicht der erste Hotelboy sein, den du zu dir gebeten hast. Das wissen wir beide, oder? Reden wir von was Anderem. Bitte. Es war wirklich geil mit dir, und ich bin hier, weil ich Lust hatte, glaub das doch einfach!«

Er nickt, und ich denke, er glaubt mir wirklich. »Schade, dass wir morgen schon wieder abreisen.«

»Bist du öfter hier?«

»Nein, diese Treffen organisiert jedes Mal eine andere Filiale, das geht durch die ganze Republik.«

»Schade. Wirklich. Sag, ist das Auto eigentlich dein Privatwagen?«

»Ja, wieso? Hast du einen Kratzer reingefahren?«

»Nein. Aber das Kennzeichen sagt, du lebst gar nicht so weit weg. Und ich bin noch nie in einem offenen Cabrio mitgefahren. Das würde mir mal gefallen. Muss nicht weit sein, nur ein Stück irgendwo.«

Das wird sich einrichten lassen, meint Michael. Wir verbleiben so, dass er sich meldet, wenn es bei ihm passt und der Wetterbericht stimmt. Er hat jedenfalls meine Nummer.

17. Im Doppelpack

Sonntagmorgen sind Slobo, Tobi und ich mal wieder zusammen, und Slobo will die Gelegenheit nutzen und uns beide bumsen. Tobi ist sowieso heiß auf Slobos Riesenriemen, aber der will ihn in uns beide stecken und wir machen es so wie letztes Mal. Erst ein Sandwich, bei dem Slobo Tobi und dieser mich vögelt, und danach nimmt sich Slobo direkt mein Loch vor und besorgt's mir. Er ist wirklich gut, wie Tobi mal gesagt hat, und wenn er erst mal drin ist und die Arschmöse schön weich … saugut.

Ab Montag ist unser Flur wieder vollständig belegt, allerdings haben diese Woche die anderen drei alle Spätdienst, und so hängen an ihren Zimmern rote Schilder, wenn ich aufstehe. Ich muss mich zum Abbau des morgendlichen Überdrucks also mit Slobos Unterhose begnügen, während später Jakob und Tobi sich bestimmt persönlich um seine sexuellen Bedürfnisse und seine Morgenlatte kümmern werden. Ich bin fast ein wenig neidisch.

Auch diese Woche mache ich Zimmerservice, weitgehend allein und selbstständig. Wir beginnen immer mit den Zimmern, aus denen die Gäste bereits abgereist sind, und die auf den Putzplänen von den Portiers entsprechend markiert sind.

Ich bin gerade mit so einem Raum fertig, als direkt daneben eine Dame mit Gepäck auf den Flur tritt, dort kann ich also gleich weitermachen. Selbstverständlich grüße ich, doch sie würdigt mich keiner Antwort, geht vorbei, als wäre ich Luft, und ich weiß schon, in ihrem Zimmer wird sicher kein Trinkgeld liegen.

Ich schaue regelmäßig als erstes in Schränke, Schubladen, Bad, ob jemand etwas vergessen hat. Das ist nicht der Fall, es fehlt eher etwas: die beiden Bademäntel. Meines Wissens gibt es die in jedem Zimmer.

Ich haste runter, sie steht noch an der Rezeption bei Simon. Sie anzusprechen traue ich mich nicht, falls aus irgendwelchen Gründen doch keine Mäntel in dem Zimmer gewesen sein sollten …

Schnell zum Chef. Ich unterbreche sein Gespräch mit der Sekretärin, berichte ganz fix.

»Sie sind sicher? Haben in die Schränke geschaut? Es wäre sehr peinlich …«

»Absolut sicher.«

Es wird sehr peinlich, allerdings für die Dame. Auf dem Parkplatz erwischen wir sie noch. Und mich macht diese Aktion im ganzen Haus bekannt.

Nächster Tag, selber Flur, ein Herr im Anzug verlässt ein Zimmer, ohne Gepäck, nur mit Aktenmappe. Er erwidert mein *Guten Morgen*, stutzt dann. »Ich hab Sie doch gestern auf dem Parkplatz gesehen … weshalb war denn die Polizei da?«

»Ach, da dachte jemand, im Zimmerpreis wären die Bademäntel enthalten.«

»Verstehe. Diese aufgetakelte Tussi mit der Parfümwolke?«

»Ich darf nicht … Entschuldigung.« Ungewollt muss ich wegen der Beschreibung lachen, die Duftspur war mir auch aufgefallen.

»Darf man mitlachen?« Ein zweiter Anzugtyp, jünger und schlanker als der Erste, ist aus demselben Zimmer gekommen und stellt sich zu uns.

»Stell dir vor«, sagt der Erste, »die Tante, die uns vorgestern an der Bar anmachen wollte, klaut Bademäntel. Deshalb die Polizei gestern. Haben Sie sie erwischt?«, wendet er sich zu mir.

»Ich darf nicht mit Ihnen über andere Gäste sprechen, bitte verstehen Sie. Kann ich Ihr Zimmer machen?«

»Ja, können Sie. Wir sind erstmal weg.«

»Dann wünsche ich Ihnen einen schönen Tag und einen angenehmen Aufenthalt bei uns.«

Das Bett ist wieder sehr zerwühlt, das war mir gestern schon aufgefallen, hier geht wohl ordentlich was ab. Ich mühe mich mit den Laken, als ich hinter mir den jüngere Typen höre: »Lassen Sie ruhig. Es wird nicht so ordentlich bleiben.«

Überrascht sehe ich auf. »Kann ich etwas für Sie tun?«

»Wir haben uns gefragt, ob wir Sie mal auf ein Getränk an der Bar einladen dürfen.«

»Danke, aber das geht nicht. Ich kann mich nicht mit Hausgästen an die Bar setzen.«

»Dachten wir fast. Wie wäre es an der Minibar?« Er deutet zum Kühlschrank.

Während der Mittagspause informiere ich Jakob und Tobi über meine Pläne für heute Abend. »Ich bin ab halb neun auf 317. Zwei ziemlich attraktive Kerle.«

»Zwei gleich? Wir genügen dir wohl nicht mehr, was?«

»Von euch hab ich schließlich die ganze Woche nichts. Es steht ja keiner mit mir auf.«

»Soweit kommt's noch! … Sag mal, hat dich eigentlich die Klein schon antanzen lassen?«

»Nein, äh … wieso sollte sie?«

»Sie macht Stichproben, ob der Putztrupp ordentlich arbeitet. Und sie findet bei jedem irgendwas. Eine Falte im Betttuch, Fluse auf dem Teppich, Staub auf dem Bilderrahmen. Äußerst pingelig, die Gute.«

Nach Dienstschluss vertreibe ich mir die Zeit an der Tischtennisplatte und mit Billard, irgendjemand findet sich in der Regel, der Lust auf ein Spiel hat. Die Sache mit der Polizei gestern hat sich rumgesprochen. »Stimmt es, dass du diese Frau im Bademantel festgehalten hast, bis die Polizei hier war?«, fragt Carola aus dem ersten Stock staunend. Ich bin nicht sicher, ob sie das nun verwerflich oder bewunderungswürdig fände. Meine Richtigstellung findet sie jedenfalls langweilig. »Polizei, bloß wegen einem Bademantel?«

Patrick und Tobi haben mal erklärt, welche Treppenhäuser und Gänge am Besten geeignet sind, um Gäste zu besuchen. Falls mir doch ein Kollege über den Weg liefe, würde ich erklären, ich hätte in einer Putzkammer was vergessen.

Meine beiden Gastgeber tragen noch die Anzughosen, Sakko und Schlips haben sie abgelegt. »Matthias«, stellt sich der Ältere vor, »Holger« der Jüngere, und sie tragen den gleichen Ring, fällt mir auf. Sie bieten was an von ihrer Flasche Rotwein, ich könne aber auch aus der Minibar was haben. »Wir zahlen das morgen. Nicht, dass du dann uns verhaften lässt.«

»Wegen Unstimmigkeiten mit der Minibar kommt die Polizei nicht, hat der Chef gesagt. Die Bademäntel haben einen gewissen Wert und solche Leute werden ja ganz selten erwischt. Wenn ich es nicht gemerkt hätte, sofort nachdem sie aus dem Zimmer raus ist … Es war Zufall.«

Wir unterhalten uns ganz allgemein über Hotelgäste, bis Matthias meint, sie würden jetzt ins Bett gehen. »Nicht zum Schlafen. Wäre schön, wenn du hier bleibst, Felix, aber wir übernehmen dein Bier auch, wenn du gehen möchtest.«

Sie warten die Antwort nicht ab, ziehen sich rasch aus und kriechen aufs Bett. Vorerst schmusen sie nur. Matthias ist dunkler, behaarter, hat ein wenig Bauch, stämmige Beine, ein fast ausladendes Hinterteil, Mitte vierzig vermutlich, Holger ist jünger, schlanker, aber auch er dunkel und gut bewachsen.

Bewundernd habe ich ihren Strip verfolgt, ehe ich selbst blank ziehe und ans Bett trete.

»Komm doch her!« Matthias packt meinen halb ausgefahrenen Dödel und zieht mich zu sich, bis ich über die beiden drüber falle, worauf gleich eine Hand auf meinen Hintern patscht.

»Hübscher kleiner Arsch«, sagt Holger. »Nicht so dick wie deiner.«

»Felix, hab ich einen dicken Arsch?« Natürlich will Matthias *keine* Bestätigung, und ich versuche, mich mit »Du hast einen geilen Arsch!« aus der Affäre zu ziehen.

»Da hörst du's! Geil, nicht dick! Leckst du mich, Felix?«

Liebend gern. Für mich sind *Geil* und *Dick*, bis zu einer gewissen Grenze, kein Widerspruch. Ich finde sogar richtig kräftige und gern auch behaarte Männerärsche wie den von Matthias, oder auch Slobo, Roberto, Michael, dem Hauptmann, geiler als so kleine schmale Brötchen wie von Nico oder Tobi oder wahrscheinlich auch mein eigenes. Gut, dass die Geschmäcker verschieden sind.

Ich wühle mich in Matthias' Arschgraben; seine Kiste wäre ein prima Kopfkissen, weich, heiß, unwiderstehlich. Überall lecke ich ihn, seine Hinterbacken, seine Ritze, zu guter Letzt seine runzelige Möse. Wohliges Brummen von Matthias, er liegt einfach nur da und lässt mich machen.

Holger dagegen ist ebenfalls aktiv und ihn macht ganz

offensichtlich mein junger Hintern an. Er leckt mich nicht, er hat mit Spucke meine Kimme und meine Grotte gängig gemacht, knetet mich durch, ein Finger tastet mein Loch ab, willig lasse ich ihn rein, »geil«, murmelt er, »geil«, und »der lässt sich ficken!«

»Langsam!«, bremst Matthias. »Wir haben doch grad erst angefangen…« Er dreht sich um und nun habe ich seinen angegeilten Dödel vor der Schnauze, schnappe sofort zu und lasse mir diese fette Fleischwurst schmecken. Das Ding ist gar nicht sonderlich lang, aber sehr appetitlich, mit einer dunklen, runden, schon ölenden Eichel. Mit der Zungenspitze stupse ich gegen seinen Pissschlitz, Matthias' Brummen wird lauter, und auch Holger will nun bedient werden. Er hat von meinem Hintern abgelassen, sie drehen mich auf den Rücken, über mir ragen ihre Schwänze in die Luft, die Pilzköpfe treffen sich über meiner Brust, ich möchte an beiden lecken und komme einfach nicht dran. So begnüge ich mich damit, bei beiden die Kehrseite abzutasten, lasse meine Hände durch ihre Spalten wandern. Bei Matthias ist das eine feuchte Grube, bei Holger ist alles trocken, noch, denn nun will er sich lecken lassen, hockt sich auf mein Gesicht, lässt sich die Fotze einspeicheln.

Sein Partner spuckt derweil auf meinen Pint, rubbelt bei mir, ich sehe nichts, doch er ist ein geiler Wichser. Er nimmt mein Rohr sogar in den Mund, saugt daran, auch das sehr gekonnt.

»Ich will jetzt endlich bumsen!« Holger hat genug von der Arschleckerei und steigt von mir ab. »Knie dich hin!«

Ich knie in der Mitte dieses King-Size-Bettes, und an beiden Enden stecken dicke Kerzen in meinen Löchern, hinten Holger, vorne Matthias, sie lassen sich Zeit, machen langsam, genussvoll stechen sie immer wieder zu, und auch ich genieße diese doppelte Füllung. Nicht nur mein Maul steht weit offen, auch mein Arschloch ist locker, willig, geschmeidig.

»Er will das so!«, stellt Holger fest, völlig zurecht, doch Matthias korrigiert: »Er will nicht nur, er braucht das!«, und das ist noch richtiger. Ich brauche das, und ich kann mir schon gar nicht mehr vorstellen, wie das überhaupt möglich war, nur zweimal die Woche mit Nico …

»Warte mal«, unterbricht Matthias nach einer gefühlten Ewigkeit, und ich denke, nun will er Arschficken. Das ist jedoch gar nicht seine Absicht, denn er dreht mich auf die Schultern, setzt sich auf mich und möchte wieder geleckt werden. Mein anderes Ende biegt sich Holger zurecht, er buttert weiter und spielt dazu noch mit meinem Sack und meinem Steifen.

Die zwei sind äußerst ausdauernd, aber ich kann bald nicht mehr. Meine Zunge wird taub, mein Loch brennt, meine Eier stehen kurz vor der Explosion …

»Macht mal!«, kann ich gerade so unter Matthias' feisten Arschbacken hervorquetschen, und sie haben kapiert: Holger legt gleich zwei Zähne auf einmal zu, schneller und fester stopft er meinen Arsch, und Matthias presst sein Hinterteil noch härter auf mein Gesicht, ich sehe nichts, spüre nur, mit welcher Geschwindigkeit er sich selbst melkt, und ihm kommt es auch als erstem, zum

Abspritzen steckt er mir seinen Schwanz in den Mund, und der Geschmack seines Eiersaftes treibt es mir heraus, ich lade ab, keine Ahnung, wo das Zeug landet.

Holger ist der Letzte, mein geschundener Hintern muss noch herhalten, bis er endlich meinen Arschkanal flutet.

Ich lasse mich zu noch einem Bier aus der Minibar einladen. Das Angebot, frische Bettwäsche zu bringen, weil ich Laken und ein Kissen vollgekleckert habe, lehnen sie ab.

»Aber morgen kriegt ihr auf jeden Fall was Neues!«

»Das heißt, du putzt morgen wieder hier?«

»Ja.« Maria hat mir die ganze Woche diesen Flur gegeben.

Leider stellt sich heraus, dass sie morgen abreisen. Schade, ich hätte sie gern noch mal besucht, und das sage ich auch, ehe wir uns freundlich verabschieden.

Es ist fast Viertel nach zehn, als ich zum Abendessen komme.

»Wo bleibst du?«, fragt Jakob. »Wir hätten bald einen Suchtrupp losgeschickt!«

»Keine Sorge. Alles gut.«

»Alles gut?« Tobi reibt Daumen und Zeigefinger aneinander. »Wieviel?«

»Zwei Bier aus der Minibar. Aber trotzdem alles gut.«

Auf der Putzliste am nächsten Morgen ist 317 als *Bereits abgereist* gekennzeichnet, und mit diesem Zimmer fange ich an. Sie haben weder was vergessen noch was mitgenommen, aber auf dem Schreibtisch liegt ein Kuvert mit meinem Namen.

Darin eine sehr nett geschriebene kurze Notiz mit einer Telefonnummer und einer Mailadresse. Wenn ich mal nach Hamburg käme, solle ich mich melden. Ein Danke für den gestrigen Abend und 50 Euro. »Trinkgeld für's Putzen!«, haben sie geschrieben.

Ich werde anrufen und mich bedanken.

18. Der Chef

In der italienischen Version der Hotelinfos, die in allen Zimmern ausliegen, sind mir einige Fehler aufgefallen. Das ist mit irgendeinem Übersetzungsprogramm aus dem Deutschen übertragen worden, und das Ergebnis ist manchmal einfach sinnfrei und manchmal schlicht falsch. Bei dem wöchentlichen Azubi-Treffen, das diesmal Herr Träger leitet, frage ich, ob ich es berichtigen soll. Ich kriege ein Lob für meine Eigeninitiative, Lorenz murmelt »Streber!« und kassiert dafür einen Rüffel, der Chef hat es gehört.

Sicherheitshalber bespreche ich die Korrekturen mit meiner Mutter, ehe ich am Freitag nach der Frühstückspause Herrn Träger meine Version gebe.

»Danke, Felix. Freut mich, dass Sie auf so etwas achten. Bringen Sie diese Sache doch gleich selbst zu Ende. Ich sage Maria Bescheid, dass Sie heute eine andere Aufgabe kriegen. Kommen Sie mit!« Er bringt mich in sein Vorzimmer, in dem Patrick an einem PC sitzt und Innendienst schiebt.

»Patrick, erklärst du Felix bitte unseren Kopierer?

Und gib ihm dann eine Generalkarte, mit der er in alle Zimmer kommt, um das zu verteilen.« Der Chef lässt uns allein.

»Worum geht's eigentlich?« Patrick hat natürlich keine Ahnung, hilft mir dann aber mit dem Kopierer. »So was findet Christoph gut. Dass du bei deiner Arbeit mitdenkst. Wie bei deiner Kellnerei vor zwei Wochen und der Bademanteltante. Er würde auch nicht jedem so eine Karte anvertrauen, kannst dir was darauf einbilden.«

Mit einem ganzen Packen Papier mache ich mich auf den Weg durch alle Trakte, alle Flure, tausche in den Klarsichthüllen der Mappen auf den Schreibtischen die italienischen Infos aus, notiere, in welchen Zimmern das später erledigt werden muss, da sich gerade Gäste darin aufhalten.

Im obersten Flur des neuesten Flügels der Anlage, in dem ich noch nie war, scheint sich ein Gast in einer Suite häuslich eingerichtet zu haben, er bleibt wohl länger hier. Ein Laptop, Zeitungen, Akten auf dem Schreibtisch, aber keine Infomappe. Also sehe ich ins Schlafzimmer, hier sind beide Betten zerwühlt, überall liegen und hängen Klamotten rum, Schlafanzüge, Socken und Unterwäsche auf dem Boden, das lege ich zumindest auf einen Stuhl, und, ich denke, ich seh nicht richtig … dieses Muster kenne ich – das ist doch meine Unterhose! Die, die ich mit Patrick getauscht habe! Genaues Ansehen bestätigt, es ist nicht bloß zufällig die Gleiche, sondern dieselbe, eindeutig erkennbar im Zwickel, wo ich selbst mal eine aufgegangene Naht geflickt habe. Wenn sich Patrick hier mit einem Gast verlustiert, ist das seine Sache. Aber dass er meine Unterhose weitergibt, muss er mir erklären! So war das nicht gedacht!

»Kann ich mal mit dir reden?« Ich werfe einen Blick zur offenen Tür des Chefbüros.

Patrick sitzt allein in seinem Vorzimmer, nickt. »Sicher. Worum geht's?«

»Ich hätte gern gewusst, wieso ich *meine* Unterhose, die ich *dir* gegeben hab, im Zimmer irgendeines Gastes finde.«

»Das kann gar nicht sein!«

»Sie liegt in Schlafzimmer von 475. Bitte, wie kommt sie da hin?«

»Was machst du in dieser Suite? Bist du verrückt?«

»Häh? Ich habe die Hotelmappe gesucht, um das italienische Zeug auszutauschen!«

»Aber doch nicht in dieser Suite! Und schon gar nicht im Schlafzimmer!«

»Wieso denn nicht in dieser Suite? Und die Mappe lag nun mal auf der Kommode im Schlafzimmer. Außerdem geht's mir um die Hose. *Dass* du da warst und bei wem, ist deine Sache.«

»Du weißt nicht, wessen Zimmer das ist?«

»Nein, woher denn?«

»Scheiße. Diese Generalkarte geht wirklich überall … Ich hab gewusst, irgendwann passiert so was …« Er redet jetzt mehr mit sich selbst, ehe er sich wieder mir zuwendet. »Du wirst es früher oder später sowieso erfahren. Versprich mir, dass du die Klappe hältst!«

»Versprochen. Natürlich halte ich die Klappe. Und es interessiert mich nicht, wer es ist.«

»Glaub ich nicht. 475 ist Christophs Zimmer.«

Das haut mich in der Tat um. Der Träger. Also doch … »Moment – das heißt, du hast was mit ihm, ja? Mit dem Chef?«

»Ja.« Patrick ist blass um die Nase. »Halt bloß den Mund! Davon weiß niemand, absolut niemand, auch Tobi und Jakob nicht.«

»Von mir erfährt das keiner, darauf kannst du dich verlassen. Allerdings wird der Chef zumindest merken, dass jemand da war. Ich hab den Verhau in den Zimmern grob aufgeräumt und hätte jetzt noch geputzt, wenn mir nicht diese Unterhose begegnet wäre.«

»Scheiße … du konntest das nicht wissen … er wird es merken …« Patrick überlegt. »Weißt du was: Ich sag ihm, was passiert ist!«

»Musst du nicht. Er hat's schon gehört.« Der Chef steht in der offenen Tür zu seinem Büro. Mir fällt die Kinnlade runter, Patrick wird noch blasser, stottert, »Du bist doch vorhin zu dieser Konferenz …« Seine Überraschung ist echt, keine Frage.

»Wurde verschoben. Als ich zurückkam, warst du grade nicht da. Ich weiß, ihr dachtet jetzt, ihr seid allein, aber ihr werdet verstehen, warum ich zugehört habe.«

»Ja«, stammelt Patrick, »versteh ich. Es ist scheiße gelaufen.«

»Stimmt. Ich hab nicht dran gedacht, dass man mit dieser Karte auch bei mir reinkommt. Felix, kein Vorwurf. Sie haben nur gemacht, was ich selbst Ihnen aufgetragen hatte. Bitte behalten Sie das für sich.«

»Natürlich. Das ist Ihre Privatsache.«

»Danke. Dann machen Sie doch mit den Zetteln weiter und kommen Sie noch mal zu mir, wenn Sie fertig sind.«

Mit den Kopien, die ich nicht losgeworden bin, und einer Zimmerliste komme ich zurück; Patrick sitzt immer noch im Vorzimmer. »Jetzt ist er wirklich nicht da, sorry.«

»Egal, ich warte.« Ich hocke mich an den leeren Schreibtisch ihm gegenüber.

Nach einer ganzen Weile hält Patrick das Schweigen nicht mehr aus. »Willst du gar nichts wissen?«

»Nein. Das ist eure Privatsache und geht mich nichts an.«

»Du denkst, er erfährt von mir, was so geredet wird und was im Haus läuft, stimmt's?«

»Ich weiß nicht, was du ihm erzählst und will es auch nicht wissen.«

»Felix, hör bitte zu: Christoph will nicht geoutet werden. Als du gefragt hast, was mein Radar zu ihm sagt, habe ich das nicht beantwortet und stattdessen seine Kinder erwähnt, das hast du als *Nein* interpretiert. Zugegeben, ich hab dich bewusst in die Irre geführt, aber ich hab dich nicht angelogen. Dass du was in diese Richtung gefragt hast, als Erster übrigens, das hab ich Christoph gesagt. Weil er verheiratet war, kommt bei ihm niemand auf die Idee, aber mir war es klar. Er würde nie einen Mitarbeiter anmachen, ich habe das, sagen wir … angeleiert. Ich finde ihn attraktiv und sympathisch, aber mehr ist es nicht. Für mich ist es, wie wenn ich mal zu einem Gast aufs Zimmer gehe, nur eben ein Gast, der oft hier ist. Er versucht nicht, mich auszuhorchen, gibt mir kein Geld, ich habe keine Gehaltserhöhung bekommen, und es ist keine Arbeitszeit. Wir treffen uns, wenn wir Lust auf Sex haben, nichts weiter. Wir wissen, das ist keine Exklusiv-Geschichte, für uns beide nicht. Meine, beziehungsweise deine Unterhose liegt da, weil Christoph geschlafen hat, als ich gestern Abend gegangen bin. Da habe ich kein Licht gemacht und sie im Dunkeln nicht gefunden. Das ist alles.«

»Was weiß er? Von uns im dritten Stock?«

»Er weiß, dass ihr alle schwul seid. Das so zu organisieren, war eine Idee von mir. Slobo ist ein guter Koch, Azubis sind in der Gastronomie gesucht, und dieser Flur macht den Arbeitsplatz hier für euch alle attraktiver.«

»Weiß er von der Sache mit den Gästen?«

»Er ist nicht naiv. Solange es einvernehmlich und diskret über die Bühne geht … will er es nicht wissen. Du verstehst.«

»Weiß er von dir und anderen Gästen? Nein, entschuldige, geht mich nichts an.«

»Ja, von mir weiß er es. Von euch nicht. Zumindest nicht von mir.«

»Sie sind fertig, Felix?« Der Chef ist reingekommen. »Gehen wir zu mir.« Er lässt mir den Vortritt in sein Büro, schließt hinter uns die Tür, bietet mir einen Platz an.

»Sie haben mit Patrick gesprochen?«

»Ja, und wie vorhin schon gesagt: Das ist Ihre und seine Privatsache und ich werde es nicht weitergeben.«

Nach einem *Danke* wechselt er das Thema, fragt, wie es mir gefällt und stellt in Aussicht, bald auch an Stellen mit mehr Kontakt zu Gästen eingesetzt zu werden. Wir unterhalten uns recht ausführlich, das Andere wird nicht mehr angesprochen, bis er mich verabschiedet. »Schließen Sie ruhig die Tür, wenn Sie und Patrick noch was zu bereden haben.«

»Und?« Gespannt sieht Patrick mich an.

Ich zucke mit den Schultern. »Wir haben nicht über euch gesprochen. Er hat gesagt, er hofft, ich fühle mich wohl und bleibe hier.«

»Und, bleibst du hier? Und redest du noch mit mir? Mehr als das Dienstliche, meine ich.«

Ich lasse mich wieder an dem leeren Schreibtisch nieder. »Natürlich bleib ich hier. Ich glaub dir, dass du nicht tratschst. Nur, er ist halt der Chef, kein Gast.«

»Ich weiß. Aber …«

»Patrick, du musst dich nicht vor mir rechtfertigen. Ich rede schon noch mit dir.«

Die Erleichterung in Patricks Stimme ist nicht zu überhören. »Willst du mal wieder zu mir kommen? Morgen?«

»Ja. Gern. Aber …«

»Aber was?« Patrick sieht mir an, dass etwas in mir arbeitet.

»Aber … wenn du ihn auch einlädst?« Ich deute zur Tür des Chefs.

»Dein Ernst?«

»Ich finde ihn auch attraktiv und sympathisch.«

»Fragen wir ihn?«

»Fragen wir ihn!«

Loverboys

Jeder Titel € 12,99

Seit der 19-jährige Milan seinen alten Schulfreund Max zufällig in einem Einkaufscenter wiedergesehen hat, treffen sich die beiden regelmäßig zu heißen Sex-Dates. Doch die Affäre muss geheim bleiben, denn Max ist der gefeierte Torjäger des 1. FC Steffenhagen. Als der umtriebige Milan dann als Masseur bei dem Fußballclub anfängt, wollen sich auch Max' Mannschaftskameraden nur allzu gern Milans magischen Händen hingeben.

Loverboys 163
Justin Philipps
HART AM BALL
208 Seiten, Roman
ISBN 978-3-95985-399-6

Simon ist ein frecher Gymnasiast in einem kleinen Gebirgsstädtchen. Er kriegt immer, was er will, und die Entdeckung der Sexualität nimmt er mit Volldampf in Angriff. Da lernt er Danny kennen, der die ganze Welt bereist und sich mit Sex und Drogen ausgetobt hat. Jetzt betreibt Danny ein Fitnessstudio, wo es ihm nicht an Verehrern mangelt. Auch Simon ist von Danny schwer beeindruckt.

Loverboys 164
Fabian Kaden
SIMONS ERWACHEN
176 Seiten, Roman
ISBN 978-3-95985-398-9

Loverboys

Jeder Titel € 12,99

Student Moritz ist schwer verknallt in seinen Mitbewohner Ralph. Beide treiben es gern vor Zuschauern miteinander – doch mit Ralphs Wunsch, Pornos zu drehen, hat Moritz Probleme. Als sich aber die Möglichkeit bietet, als Assistent dabei zu sein, macht er schließlich mit. Auf einem Reiterhof geht es dann vor und hinter der Kamera wild zur Sache, denn auch die beiden Betreiber des Hofs sind heißen Abenteuern nicht abgeneigt …

Loverboys 165
Max Wildrath
MORITZ ZIEHT BLANK
184 Seiten, Roman
ISBN 978-3-95985-416-0

Jacques schlägt sich in Toulon als Straßenjunge durch, als ihm sein Freund Etienne ein lohnendes Projekt vorschlägt: den Einbruch in die Villa des reichen Monsieur Foucasse. Doch als die beiden über den Zaun klettern, werden sie von den Wachleuten bereits erwartet. Jacques gerät in Gefangenschaft, und er muss erfahren, dass das Anwesen auf der abgelegenen Halbinsel von schwulen Männern aus aller Welt bevölkert ist.

Loverboys 166
Jan R. Holland
DER DIEB
192 Seiten, Roman
ISBN 978-3-95985-423-8

Loverboys

Jeder Titel € 12,99

Ein lauer Sommerabend in Wien. Nur mit Boxershorts bekleidet, steht der junge Eddy auf einem belebten Platz und hat ein Problem: In der Münzwäscherei hat die Maschine seine Wäsche »geschluckt«. Er muss sich halbnackt durch den Großstadt-Dschungel schlagen, in der Hoffnung, dass ihm jemand mit Klamotten aushilft. Er begegnet dem heißen Südländer Emre, der aber lieber seine stramme Latte von ihm verwöhnen lässt …

Loverboys 167
Bastian Süden
NACKT IN WIEN
200 Seiten, Roman
ISBN 978-3-95985-426-9

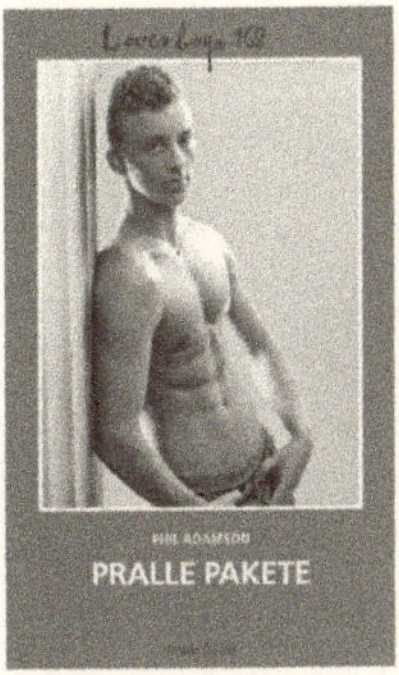

Niko ist zwanzig und Neuling in der Paketlieferbranche. Er weiß, wie gut ihm die Service-Kluft steht, und bemerkt die begehrlichen Blicke seiner Kunden. Bei attraktiven Single-Burschen, frechen Draufgänger-Bengeln und allein gelassenen Ehemännern lässt er seinen Charme spielen. Mit Erfolg. Zum Glück ist Niko vielseitig genug, um alle möglichen Spielarten zu bedienen. Er schafft es immer, sein pralles Paket an den Mann zu bringen …

Loverboys 168
Phil Adamson
PRALLE PAKETE
208 Seiten, Roman
ISBN 978-3-95985-427-6

BelAmiOnline.com
NOBODY DOES IT LIKE BELAMI
CONDOM FREE SCENES
7 NEW UPDATES A WEEK!
1,000+ HD VIDEOS & PHOTOS
OVER 100 TOP INDUSTRY AWARDS
UNMATCHED PRODUCTION VALUES
ALL VIDEOS 100% DOWNLOADABLE
100'S OF EXCLUSIVE BELAMI MODELS
HD
DRM FREE
MAC FRIENDLY
MOBILE COMPATIBLE